수업활동
100

일러두기

- 한글 맞춤법 및 외래어 표기는 국립국어원의 원칙을 기본으로 삼되 통상적으로 굳어진 표현은 해당 표기를 따랐습니다.
- 그림책과 동화책, 청소년소설 등은 「 」로 표기했습니다.
- 활동지와 단어 목록표는 표지 앞날개에 있는 QR 코드를 통해 다운로드할 수 있습니다.

수업의 뿌리를 튼튼하게 세우는 활동 중심 교수법

수업활동 100

김성규 지음

들어가며
수업을 성공으로 이끄는 세 가지 원칙과 두 가지 약속

안녕하세요, 선생님. 선생님께서는 어떤 상황에서 '오늘 수업은 성공했어!'라고 느끼시나요? 진지하게 설명했는데 학생들이 모두 집중해서 잘 들었을 때, 준비한 활동에 학생들이 즐겁게 참여했을 때, 수업 소감을 받는데 칭찬 일색일 때 우리는 '성공적인 수업'을 했다고 여기곤 하지요. 하지만 수업이라는 것은 살아 있는 생물과도 같아서 학생들의 컨디션, 수업 당일의 상황 같은 요인에 영향을 받기 일쑤입니다. 그 때문에 정말 열심히 준비한 수업이 원하는 만큼의 결과를 얻지 못하는 경우가 생기기도 하고요. 어떻게 하면 이러한 불안 요인들을 줄이면서 교사가 준비한 대로 의미 있게 수업을 이끌어 나갈 수 있을까요?

본격적으로 수업 방법을 살펴보기 전, 수업의 뿌리를 튼튼하게 세우는 작업부터 이야기해 보려고 합니다. 바로 성공적인 수업의 기반이 되는 '세 가지 원칙'과 '두 가지 약속'입니다.

● 성공적인 수업을 위한 세 가지 원칙

첫 번째 원칙: 모두가 참여하는 수업으로 구성하기

성공적인 수업을 위한 첫 번째 원칙은 바로 '모두가 참여하는 수업으로 구성한다'입니다. 이게 무슨 말이냐고요? 자, 하나의 수업 장면을 생각해 보지요. 학생들이 교과서를 펴고 선생님의 설명을 듣는 모습 말이에요. 그중에서 선생님의 말을 수업 시간 내내 집중해서 들으며 공부하는 학생이 몇 명이나 될까요? 아마 그리 많지 않을 겁니다. 40분 동안 앞에 있는 선생님의 설명만 듣고 공부하는 것은 초등학생들에게 쉬운 일이 아닙니다. 시간이 지날수록 집중력이 현저히 떨어지기 때문이지요.

그래서 우리는 학생들의 집중도를 높이기 위해 적절한 발문과 모둠활동을 하며, 학습놀이를 활용하기도 합니다. 하지만 이때 주의해야 할 점이 하나 있습니다. 바로 '소수의 학생이 주를 이루는 수업'을 해서는 안 된다는 점입니다. 발표도, 모둠활동도, 학습놀이도 학습 수준이 상위권인 학생들이 주인공이 되어 끌고 가게 되면 다음과 같은 부작용이 발생합니다.

첫째, 소수의 학생을 제외한 나머지 학생들은 구경꾼에 머물게 됩니다. 이른바 '무임승차'죠. 그야말로 배움의 기회를 잃어버린 채 시간만 보내게 되는 것입니다.

둘째, 이렇게 구경꾼으로 머무는 학생들이 수업을 소란스럽게 만듭니다. 사람은 본능적으로 심심하면 딴짓을 하기 마련입니다. 이런 친구들이 많을수록 잡담과 장난이 늘고, 선생님의 신경도 그만큼 날카로워집니다. 한바탕 잔소리를 하고 나면 수업 분위기는 이미 망가져 버리고 말죠.

셋째, 이런 상황이 되면 주도적인 학생들의 불만도 커집니다. '선생님, 얘가 모둠활동 참여 안 해요!' '야! 장난 그만치고 이것 좀 해!' 이런 소리가 곳곳에서 터져 나옵니다. 이쯤 되면 이 수업에서 과연 배움이 일어나긴 하는 걸까 하는 자괴감이 들기도 합니다.

이런 상황이 벌어지지 않기 위해서는 어떻게 해야 할까요? 무임승차 없이 모두가 참여해야 하고, 공평하게 발표 기회가 돌아가야 하며, 개별활동과 모둠활동이 적절하게 혼합된 수업이어야 합니다. 그래야 소외되는 친구들 없이 모든 학생이 학습 목표에 도달할 수 있기 때문입니다. 물론 쉽지 않은 일입니다. 그래서 더욱 모두가 참여하는 수업을 위한 다양한 수업 방법들을 연구하고 고민해야 합니다. 이어질 내용에서 안내할 100가지 수업 방법들은 모두 이 첫 번째 원칙, '모두가 참여하는 수업'에 초점을 맞추고 있습니다.

두 번째 원칙: 효과적으로 공유하기

두 번째 수업 원칙은 '효과적으로 공유하기'입니다. 활동이 원활히 이뤄졌다고 모든 수업이 성공적인 것은 아닙니다. 활동 결과물을 잘 공유하는 일도 그에 못지않게 중요합니다. 모둠별로 활동 결과물을 열심히 만드는 데까지는 성공했는데 결과물을 공유하는 과정에서 수업 분위기가 흐트러지거나 흐지부지되면 수업이 '용두사미로 끝났다'

는 기분을 느낄 수 있습니다. 그래서 이 책에서는 수업 방법을 소개하는 데 그치지 않고 모둠 시계 돌리기, 갤러리 워크, 모둠 퀴즈 마당 등 개인 및 모둠활동의 결과물을 효과적으로 공유하는 방법을 자세히 소개합니다. 더불어 패들렛, 띵커벨보드와 같은 온라인 플랫폼 활용법과 이를 통한 결과물 공유법 역시 핵심만 뽑아 확인할 수 있습니다.

세 번째 원칙: 꾸준한 기록으로 성찰하기

마지막 세 번째 수업 원칙은 바로 '꾸준한 기록과 성찰'입니다. 이는 교사 개인에게 매우 중요한 원칙이라고 할 수 있겠습니다. 특히 초등 담임교사의 경우 아무리 열심히 수업을 준비했다 하더라도 '딱 한 번의 기회'만 주어집니다. 지금 여기에서 눈을 빛내며 앉아 있는 이 아이들과 같은 수업을 다양한 방식으로 여러 번 할 수 없고, 실수한 부분을 보완해서 다시 도전할 기회도 없는 셈이지요.

그렇기에 중요한 것이 기록입니다. 오늘 내가 어떻게 수업을 했는지, 어느 부분에서 성공했고 어느 부분이 미진했는지 기록을 통해 성찰할 수 있기 때문입니다. 꾸준한 기록은 교사로서 내 강점과 약점을 정확히 파악하고, 나만의 수업 데이터를 쌓는 데 도움을 줍니다. 매번 수업 준비를 할 때마다 자료를 뒤적거리지 않아도 내가 주로 활용하는 활동들을 루틴화할 수 있는 것이지요.

그렇다면 기록은 어떻게 해야 할까요? 교사 스스로 가장 편한 방법을 선택해야 합니다. 어렵고 힘들면 꾸준하게 기록하기 쉽지 않습니다. 간단히 다이어리나 한글 파일에 작성해도 좋고, 블로그나 SNS를 활용해도 됩니다. 중요한 것은 단 한 줄이라도 수업을 기록하는 습관 그 자체입니다. 만약 수업 기록을 안 해 왔다면 오늘부터 일기 쓰듯 시작해 보세요. 이 기록들이 모여서 선생님 수업의 튼튼한 뿌리가 될 거라 확신합니다.

● 성공적인 수업을 위한 두 가지 약속

첫 번째 약속: 경청 약속 정하기

지금까지 선생님이 수업을 준비하고 정리하면서 지켜야 할 원칙들을 이야기했다면 이제는 선생님과 학생이 수업 중에 함께 지켜야 하는 약속들을 안내하겠습니다. 첫 번째 약속은 '경청 약속'입니다. 아무리 선생님이 좋은 수업을 진행한다고 할지라도 학생들이 집중하지 않고 잘 듣지 않으면 의도한 학습 효과를 거두기란 불가능합니다. 그래서 학년 초부터 학생들에게 꾸준히 '경청'의 중요성을 강조하는 것이 좋습니다.

경청 약속을 정할 때 저는 다음과 같은 순서로 진행합니다. 우선 세계적인 그림책 작가 존 클라센의 데뷔작이기도 한 그림책 『내 모자 어디 갔을까?』(서남희 옮김, 시공주니어, 2012)를 함께 읽습니다. 모자를 잃어버린 곰이 동물들과 대화를 하며 모자를 찾는, 위트와 스릴 넘치는 이야기인데요. 이 과정에서 '눈을 마주치며 이야기하는 일'의 중요성을 깨닫게 해 줍니다. 책을 읽고 난 뒤에는 첫 번째 경청 약속을 정합니다. 바로 '바라보며 듣기'입니다. 선생님이 이야기할 때 선생님과 눈을 마주치고, 친구가 발표를 할 때 친구와 눈을 마주치는 행동이야말로 가장 간단하면서도 중요한 경청 방법임을 확인하는 것이죠.

두 번째로는 '수다쟁이 놀이'를 합니다. 방법은 간단합니다. 짝꿍끼리 마주 보고 선생님이 준 주제에 대해 1분 동안 쉼 없이 이야기합니다. 이야기를 먼저 멈추는 사람이 패배한다고 하면 아이들은 어떻게 해서든 1분 동안 자기 말만 하려고 노력합니다. 이 놀이가 끝난 뒤 아이들에게 묻습니다. "그런데 혹시 짝꿍이 뭐라고 했는지 기억나는 사람?" 아무도 손을 들지 않습니다. 자기 말만 하느라 짝꿍의 말을 듣지 않았거든요. 이 순간 두 번째 질문을 던집니다. "만약 우리 모두가 수다쟁이라면 수업은 어떻게 될까요?" 아이들은 이 활동을 통해 원활한 수업을 위해서는 내 말만 하지 않고 다른 사람의 말에 귀 기울여야 한다는 사실을 깨닫게 됩니다. 이렇게 두 번째 경청 약속 '귀 기울여 듣기'를 정합니다.

마지막 세 번째로는 '딴청 놀이'를 합니다. 수다쟁이 놀이와 마찬가지로 한 가지 주제에 대해서 짝꿍끼리 이야기를 하는데 한 사람은 계속 이야기를 하고, 한 사람은 끊임없이 딴청을 부립니다. 1분간의 활동을 마치고 나면 소감을 들어 봅니다. 놀이인 줄 알면서도 아이들은 '나를 무시하는 것 같아서 화가 났다' '말하기 싫어졌다'고 말하곤 합니다. 선생님은 이 활동을 통해 세 번째 경청 약속인 '공감하며 듣기'를 정합니다. 그리고 아이들에게 솔직히 이야기해 줍니다. "선생님이 여러분 앞에서 열심히 수업을 할 때 여러분이 무엇인가 만지작거리거나 딴짓을 하면 선생님도 무시당하는 기분이 들어요. 그러니 오늘 활동을 꼭 기억하면서 선생님을 존중해 주었으면 좋겠어요. 선생님도 여러분을 존중하는 마음을 담아서 더 열심히 수업 준비를 할게요"라고요.

아이들과 함께 정한 '바라보며 듣기' '귀 기울여 듣기' '공감하며 듣기'는 수업 시작 전에 매번 되새기면서 잊지 않게 독려해 줍니다. 경청 습관을 들이면 들일수록 수업도 원활하게 운영되니까요.

두 번째 약속: 실수해도 괜찮아, 누구나 발표하기

두 번째 약속은 '누구나 발표하기'입니다. "실수해도 괜찮다"고 매번 이야기하지만 발표에 대한 부담감은 누구에게나 있기 마련이지요. 특히 손을 들고 지명을 받아 발표하는 방법은 대다수의 아이를 위축시켜 버리곤 합니다. 그러니 아이들의 실수를 선생님이 너그럽게 받아들이는 한편, 누구나 마음 편히 발표할 수 있는 여러 가지 방법을 다양하게 적용함으로써 수업 분위기를 끌어올려야 합니다. 이런 과정들이 "우리 반은 누구나 자유롭게 발표할 수 있다"는 약속을 굳건히 해 주거든요.

수업 시간에 가장 활용하기 편한 발표 방법은 '번개 발표'입니다. 학급 전체 아이들이 돌아가며 자신의 생각을 빠르게 이야기하는 방식이죠. 만약 할 말이 없다면 '패스'를 외쳐도 좋습니다만, 모든 친구의 발표를 듣고 난 뒤에는 패스를 한 친구도 자신의 언어로 다시 한번 발표해 보게 합니다. 이렇게 모두가 한 마디라도 해 보는 과정 속에서 학생들은 수업에 참여하고 있다는 소속감을 느끼게 됩니다.

이 외에도 모두가 일어선 뒤에 앞에 있는 사람부터 차례대로 발표하고 만약 앞에서 말한 친구와 나의 내용이 같다면 자리에 앉는 두더지 발표, 앞에서 말한 친구의 내용을 그대로 읊고 내 발표를 더하는 앵무새 발표, 선생님과 가위바위보를 해서 비긴 사람들만 발표하는 텔레파시 발표 등 다양한 발표 방법들을 활용해 보세요. 누구나 부담 없이 즐겁게 수업에 참여할 수 있는 가장 쉬운 비결 중 하나랍니다.

세 가지 원칙과 두 가지 약속을 교실 수업에 정착시켰다면 지금부터 소개하는 수업 방법을 적재적소에 활용할 차례입니다. 원칙과 약속이 수업의 뿌리와 줄기라면 다양한 수업 방법들은 꽃과 열매입니다. 선생님과 학생이 모두 즐겁고 행복한 수업 방법에는 어떤 것들이 있을지 지금부터 함께 살펴볼까요?

차례

[들어가며] 수업을 성공으로 이끄는 세 가지 원칙과 두 가지 약속　　4

1장
수업의 뿌리가 되는 토의·토론 수업

1	브레인스토밍 토론	19
2	포토스탠딩 토론	21
3	P.M.I 토론	23
4	만장일치 토론	26
5	왕을 설득하라!	30
6	모서리 토론	33
7	피라미드 토론	37
8	가치수직선&신호등 토론	40
9	회전목마 토론	43

2장
효과적으로 질문 주고받기

10	질문틀 제공하기	47
11	질문 장터	49
12	질문 보물찾기	52
13	질문 바구니	54
14	질문 주사위 놀이	56
15	질문 말판 놀이	59
16	질문공 던지기	61
17	회전목마 질문 나누기	63

3장
무임승차 없는 모둠활동

18	4칸 정리하기	66
19	윈도우 패닝	68
20	컨베이어 벨트 모둠 탐색	72
21	셋 가고 하나 남기	74
22	모둠 릴레이 퀴즈	76
23	무작위 번호 퀴즈	78
24	문제를 넘겨라!	80
25	복불복 문제 경매	82
26	잠자는 코끼리 놀이	86

4장
가장 편한 수업 친구, 포스트잇

27	대신 전해 드립니다	89
28	포스트잇 그림 나눔	92
29	포스트잇 SNS 만들기	94
30	포스트잇 테마틱	96
31	포스트잇 글자 재배치	98
32	포스트잇 '내가 누구게?'	100
33	포스트잇 정답 찾기	102
34	포스트잇 문제 쇼핑몰	104
35	포스트잇 부루마불	106

5장
생각을 이끌어 내는 슬기로운 교구 활용

36	이미지 카드①: 경험과 감정 연결하기	109
37	이미지 카드②: 교실살이에 활용하기	113
38	이미지 카드③: 아이디어 발산하기	116
39	감정 카드①: 신나는 감정 놀이	119
40	감정 카드②: 감정 카드로 말해요!	122
41	감정 카드③: 감정 카드를 모아라	124
42	직업 카드	126
43	씽킹보드&씽킹맵	129

6장
언제든지 즐기는 보드게임 활용 수업

44	집 나간 집중력도 돌아오는 '5초 준다'	134
45	누구보다 빠르게! '블리츠'	138
46	서로의 생각에 공감해요, '너도나도 파티'	140
47	빠르게 공감하기, '더블 매칭'	143
48	서로의 우선순위를 탐색하라, '왓츠 잇 투야'	147
49	같은 종류를 모아라, '캐치캐치'	151
50	분류하고 정리하기, '펭귄파티'	154
51	외워서 전진하라, '치킨 차차'	157
52	협동해서 해결하라, '저스트 원'	160
53	토의의 재미는 이런 것, '시밀로'	163
54	숫자 세기부터 분수까지, '크로싱'	166
55	연산부터 약배수까지, '로보77'	170
56	즐거운 혼합계산, '파라오코드'	174
57	빠르게 움직여요, '숲속의 음악대'	178
58	빠르고 정확하게 그려요, '캐치 스케치'	182
59	내 그림을 기억해요, '스크리블 타임'	185

7장
배움에 활기를 더하는 수업놀이

번호	제목	쪽
60	전 학년이 즐기는 '빙고 게임'	189
61	움직이며 외우는 '찍고 달려'	194
62	누구나 부담 없이, '복불복 선택 놀이'	197
63	운과 실력의 결합, '소수결 OX 퀴즈'	199
64	오답을 피하라, '도둑잡기'	201
65	거짓말쟁이를 찾아라, '스파이 게임'	203
66	알면 잡아라, '파리채 놀이'	205
67	반복해서 외우는 '손가락 진화 게임'	207
68	복불복 암기 게임, '카드를 넘겨라'	210
69	주제 초성 단어 놀이, '쁘띠바크'	213
70	즐거운 국어사전 놀이, '눈치코치 줄 세우기'	215
71	누구도 믿지 마라, '거짓말쟁이 놀이'	218
72	같은 종류를 모아라, '셋이서 한 세트'	221
73	힘을 합쳐 빠르게, '양손을 채워라'	224
74	머리를 맞대 막아라, '단어 방패'	227
75	모두가 힘을 합쳐, '침묵! 짝꿍을 찾아라'	229
76	순서대로 그려라, '협동 릴레이 그림'	232
77	눈치껏 추리하라, '도형 탐정 놀이'	234

8장
수업에 감성 더하기, 문학 수업

번호	제목	쪽
78	색깔로 말해요	238
79	머릿속 돋보기	240
80	마음 돋보기	242
81	안팎인형 만들기	244
82	시 보물찾기	247
83	상장 수여식	250
84	1~5글자로 말해요	252
85	그림일기로 표현해요	254

9장

**효과적으로
공유하고 나누기**

86	모둠 기자회견장	257
87	모둠 시계 돌리기	259
88	복불복 내.친.소	261
89	스티커 가위바위보	263
90	어서 오세요, 사람책 서점입니다	265
91	갤러리 워크	267
92	모둠 퀴즈 마당	269
93	그림책 만들기	271
94	온라인 전시회	273

10장

**누구나 쉽게 쓰는
온라인 교육 도구**

95	패들렛	275
96	띵커벨보드	281
97	띵커벨 퀴즈	286
98	플리커스	289
99	미리캔버스	293
100	윗지(with-G) 게임 학습	296

[마치며] 이 세상 모든 선생님의 수업이 언제나 행복하길 기도하며   300

찾아보기   302

수업활동 ❶
수업의 뿌리가 되는 토의·토론 수업

성공적인 수업의 기본 조건 중 하나는 '학생들의 참여'입니다. 아무리 잘 짜인 수업도 학생들이 말하지 않고, 듣지 않으면 어쩔 수 없이 실패하기 마련이니까요. 그런 의미에서 학생들이 말하게 하고, 듣게 하는 토의·토론은 모든 수업의 뿌리가 되는 수업이 아닐까 싶습니다. 학생들은 토의·토론을 통해 의사소통의 기초를 배우고, 수업에 적극적으로 참여하는 재미를 느끼게 되거든요.

다소 어렵게 느껴지는 토의·토론을 이 책에서 가장 첫 번째 수업활동으로 제시하는 이유도 바로 이 때문입니다. 다양한 토의·토론을 경험하며 의사소통 능력을 향상할수록 학생들은 놀라울 정도로 깊이 있게 수업에 집중하게 되지요. 물론 토의·토론을 교실에서 제대로 해낸다는 것은 쉬운 일이 아닙니다. 선생님도, 학생들도 익숙지 않기 때문입니다. 그래서 토의·토론을 수업에 적용할 때는 학생 수준과 교실 환경에 맞는 적절한 수업 전략과 접근법이 필요합니다.

지금부터 소개하는 아홉 가지 토의·토론 기법들은 학생들이 가장 선호하고 잘 따라오는 수업 방법을 엄선해 놓은 것입니다. 학생들과 단계별로 차근차근 실천하면서 말하고 듣는 재미를 익힌다면 그만큼 즐겁고 행복한 수업이 가능해질 거라 생각합니다.

1 브레인스토밍 토론

토론의 기본은 나의 생각을 표현하고, 서로의 생각을 모으며, 좋은 생각들을 점검하는 것입니다. 이 중에서 가장 중요한 첫 번째 과정은 '내 생각을 자신 있게 말하기'입니다. 내 생각을 말하는 데 주저함이 있으면 서로의 생각을 한데 꺼내 놓을 수도, 좋은 생각들을 추려 낼 수도 없을 테니까요. 이런 의미에서 말하는 재미를 느끼게 하는 '브레인스토밍 토론'은 토론을 처음 시작하는 학생들에게 가장 어울리는 토론 기법입니다.

브레인스토밍 토론이란?

한 가지 주제를 놓고 자유롭게 의견을 제시하며 대안을 찾아가는 형식의 토론 기법입니다. '질 보다 양'을 제1원칙으로 하며, 학생 의견의 질적 수준이나 실현 가능성을 따지지 않고 가능한 많은 생각을 모으는 것이 목적입니다. 브레인스토밍 토론에서 반드시 지켜야 하는 네 가지 원칙을 소개합니다.

① 서로가 낸 아이디어를 평가하거나 비판하지 않는다.
② 엉뚱하거나 실현 가능성이 적은 아이디어도 모두 수용한다.
③ 아이디어는 많으면 많을수록 좋다.
④ 다른 사람이 낸 아이디어에 내 생각을 더해서 수정, 보완할 수 있다.

활동 순서

1. 학생들에게 토론 주제를 제시합니다. "행복한 수업을 위해서 어떤

의사소통 약속이 필요할까?"처럼 찬반으로 의결이 나뉘는 논제가 아닌, 되도록 많은 생각과 의견을 모을 수 있는 주제가 좋습니다.
2. 1인당 포스트잇을 1~3장씩 나눠 줍니다. 토론 주제를 확인하고 자기 생각을 정리합니다. 아이들이 토론에 익숙하지 않을수록 자기 생각을 정리하는 개인활동 시간이 충분히 제공되면 좋습니다.
3. 4인 1모둠이 되어 포스트잇에 정리한 자기 생각을 돌아가며 발표합니다. 가능한 많은 의견을 모으는 것을 목표로 하며, 서로의 의견을 비판하지 않습니다.
4. 모든 모둠원이 자기 의견을 발표했다면 비슷한 의견을 유목화합니다. 주제에 가장 적합한 3~4개의 의견을 추려내 모둠의 토론 결과로 정리합니다.
5. 모둠의 토론 결과를 학급 전체에 발표하고 공유합니다.

행복한 김선생의 수업 톡!톡!

● '브레인스토밍' 토론에서 가장 중요한 것은 자기 생각을 정리해서 충분히 이야기하는 데 있습니다. 적어도 1인당 한 개 이상의 아이디어를 내놓을 수 있도록 독려하며, 모둠 토론 중 아이디어가 떠오르면 즉흥적으로 추가하는 것 또한 허용해 줍니다. 모둠 토론 결과를 정리할 때에도 개개인의 의견을 충분히 반영할 수 있도록 북돋아 주면 좋습니다.

2 포토스탠딩 토론

이미지의 시대인 요즘, 자신의 생각을 얼마나 잘 시각화해서 드러내느냐도 중요한 의사소통 역량 중 하나입니다. 그런 의미에서 이미지를 활용해 서로의 생각을 주고받는 '포토스탠딩 토론'은 다양한 수업 활동에 적극적으로 활용할 만한 토론 기법이지요.

포토스탠딩 토론이란?

공통의 주제에 대한 자신의 생각을 그림이나 사진과 같은 이미지와 연결하여 표현하는 방법입니다. 주제와 특정 이미지를 연결해 의견을 개진해야 하므로 창의적이고 논리적인 의사 전달 능력을 기르는 데 큰 도움이 됩니다. 앞서 소개한 브레인스토밍 토론과 마찬가지로 포토스탠딩 토론 역시 서로의 의견이나 생각을 비판하거나 평가하지 않기 때문에 토론에 익숙하지 않거나 의사소통에 서툰 학생들의 부담이 다소 적은 방법이기도 합니다.

활동 순서

1. 학생들에게 주제를 제시합니다. 포토스탠딩에서 다루는 주제는 나의 생각을 명확하게 정리할 수 있는 내용이 좋습니다.
   예) "나에게 친구란?" "나에게 행복이란?"과 같이 이미지로 개념을 정의할 수 있는 주제
2. 모둠별로 여러 장의 이미지를 제시합니다. 시중에 판매하는 이미지 카드를 활용하면 편리합니다.

3. 각자 이미지를 살펴보고 주제에 대한 내 생각과 가장 어울리는 이미지를 선택해 한 문장으로 표현합니다.

   예) "나에게 친구란 커다란 나무다. 왜냐하면 힘들 때 언제든 쉬어 가는 마음의 안식처이기 때문이다."
4. 모둠원끼리 각자 자신이 만든 문장을 공유합니다.

행복한 김선생의 수업 톡!톡!

- 시중에 판매되고 있는 이미지 카드 중 저는 '도란도란 스토리텔링 카드'를 주로 활용하고 있습니다. 직관적이고 아기자기한 그림체가 수업용 이미지 카드로서 손색이 없기 때문입니다. 이미지 카드의 다양한 활용법은 '수업활동❺: 생각을 이끌어 내는 슬기로운 교구 활용'에서 더 자세히 서술하였습니다.

- '포토스탠딩 토론'은 수업 내용을 정리할 때 유용합니다. 도덕 시간에 우정이나 평화에 대해 공부했을 때, 사회 시간에 교류나 독립운동에 대해 공부했을 때, 실과 시간에 가족에 대해 공부했을 때 등 어떤 개념을 내 생각으로 정리할 때 언제든 활용할 수 있는 방법이니 적극적으로 활용해 보세요.

- 수업 시간이 여유롭다면 모둠 공유 후, 모둠에서 가장 인상적인 이미지를 골라 전체에 소개해도 좋습니다. 활동을 반복할수록 학생들이 표현하는 범위도 더욱 넓어진답니다.

3. P.M.I 토론

우리는 삶을 살아가면서 항상 선택의 기로에 놓이고는 합니다. 이때, 충동적이고 즉흥적인 선택은 실패 확률을 크게 높이기 때문에 사안의 장단을 잘 따져 나에게 유리한 쪽으로 선택하는 것이 합리적인 의사결정의 기본이라 할 수 있겠습니다. 지금 소개하는 'P.M.I 토론'은 이러한 합리적 의사결정을 꾸준하게 연습할 수 있는 토론 기법입니다.

P.M.I 토론이란?

P.M.I 토론은 토론 주제의 긍정적인 면(Plus)과 부정적인 면(Minus)을 모두 따져 보고, 그 주제의 흥미로운 점(Interesting)과 합리적 대안까지 찾아보는 방식입니다. 학생 모두가 토론의 전 과정에서 배제되지 않고 참여하기 때문에 집중도와 몰입도가 높으며, 즉흥적이고 충동적인 선택을 피하고 사안의 장단을 따져 최대한 논리적인 선택을 하는 데 도움을 줍니다. 치열한 찬반 경쟁을 지양하고 모두의 의견을 존중하며 대안을 탐색하기 때문에 의사소통 연습을 할 때 좋은 활동이기도 합니다.

활동 순서

1. 학생들에게 주제를 제시합니다. P.M.I 토론에서 다루는 주제는 장단점을 모두 파악할 수 있는 내용이 좋습니다.

   예) "스마트폰은 우리에게 필요한가?" "우리는 통일을 해야 하는가?" "시험은 공부에 도움이 되는가?"

PMI 토론 결과는 띵커벨보드(위)와 포스트잇(아래)으로 각각 다른 형식을 사용해서 정리할 수 있다.

2. 각자 주제의 장점(Plus)을 파악해서 정리합니다. 개인별로 학습지에 정리하여 발표해도 좋지만 전체 의견 교환을 쉽게 하려고 패들렛과 같은 온라인 도구나 씽킹보드 활용을 추천합니다.
3. 장점에 이어 단점(Minus)을 파악해서 정리합니다.
4. 장단점을 고루 살펴보고 합리적인 대안을 찾아봅니다. 장점은 강화하고 단점을 보완할 수 있는 대안들을 두고 충분히 의견을 교환합니다. 주제에 대한 흥미로운 지점(Interesting)이 있다면 질문과 대답을 주고받아도 좋습니다.
5. 토론 내용을 바탕으로 각자 의사결정을 합니다.

행복한 김선생의 수업 톡!톡!

- 'P.M.I 토론'은 독서 활동으로 매우 활용도가 높은 토론활동입니다. 책 속 등장인물의 선택에 어떤 장점과 단점이 있는지 파악하고, 나라면 어떤 선택을 할지 결정하는 과정은 책의 내용을 더욱 깊이 이해하는 데 큰 도움을 줍니다.
- 장단점을 파악할 때는 최대한 객관적이고 중립적인 입장을 견지하도록 합니다. 처음부터 주제에 대해 확고한 자기 생각을 정하고 'P.M.I 토론'에 임하게 되면 한쪽으로 치우친 왜곡된 의견 교환이 이뤄질 가능성이 높기 때문입니다.

4 만장일치 토론

앞서 소개한 토론활동이 기본적인 의사소통 능력을 기르는 데 초점을 두었다면 지금부터 소개하는 활동들은 본격적으로 '나의 의견을 논리적으로 개진하고, 상대를 효과적으로 설득하는' 역량을 기르는 데 도움을 주는 방법들입니다. 첫 번째로 소개할 토론은 바로 학생들에게 인기 높은 토론 중 하나인 '만장일치 토론'입니다.

> **만장일치 토론이란?**
>
> 만장일치 토론은 순위가 정해져 있는 주제를 제시하고, 학생들은 순위를 모르는 상태에서 항목들을 놓고 모둠별로 의견을 교환해 순위에 가장 가까운 결론을 도출하도록 돕는 토론활동입니다. 학생들은 모두 내 생각을 자유롭게 개진하고 상대의 의견에 반박하며 거부할 권리를 가지게 되지요. 그래서 전체가 합의된 결과를 내기 위해 논리적인 설득의 과정을 필수적으로 거치게 됩니다. 모둠 내에서 자연스럽게 찬반 토론을 진행하게 되므로 보다 치열하고 경쟁적인 토론활동을 경험할 수 있습니다.

활동 순서

1. 순위가 결정되어 있는 상황과 그 항목들(선택지)을 제시합니다. 이때, 선택지는 반드시 무작위로 섞어 두어야 합니다. 주제와 순위 예시는 다음 표와 같습니다.

순위 \ 주제	초등학생 장래희망 순위 (2022년 기준)	우리나라 수출 국가 순위 (2022년 기준)	세계에서 가장 많이 쓰는 언어
1	운동선수	중국	영어(15억명)
2	교사	미국	중국어(11억명)
3	크리에이터	베트남	힌디어(6억 5천만명)
4	의사	일본	스페인어(4억 2천만명)
5	경찰관/수사관	홍콩	프랑스어(3억 7천만명)
6	요리사/조리사	대만	아랍어(3억명)
7	배우/모델	싱가포르	러시아어(2억 7500만명)
8	가수(성악가)	인도	포르투칼어(2억 3500만명)
9	법률전문가	호주	벵골어(2억 3300만명)
10	만화가/웹툰작가	필리핀	독일어(1억 8500만명)

이 외에도 우리나라에서 가장 많이 팔린 과자 BEST 10, 세계에서 가장 넓은 국가 BEST 10 등 정답을 확실하게 정할 수 있는 상황이라면 모두 가능합니다.

2. 순위와 선택지를 자세히 설명하고 질문이 있다면 궁금증을 해소해 줍니다. 예를 들어 주제가 '초등학생 장래희망 순위'라면 몇 명을 대상으로 조사한 것인지, 몇 학년을 조사한 것인지, '의사'에는 내과, 외과 등 모든 과 의사가 포함되어 있는지 등을 명확히 설명해 줍니다.

3. 제한 시간 5분 동안 학습지에 개인별로 순위를 매깁니다.

4. 모둠별로 모여서 토론을 시작합니다. 각자 1위부터 10위까지 자기 의견을 이야기하고 왜 그렇게 생각했는지 의견을 충분히 교환합니다. 토론활동을 토대로 모둠별 순위를 결정합니다.

5. 정답을 공개하고 개인별 순위 및 모둠별 순위를 채점합니다. 이때

개인별 순위는 채점만 하고 점수 비교는 모둠별 결과로만 진행합니다. 27쪽 상단의 정답 순위표와 비교해 모둠별 순위의 오차값 총합이 적은 모둠이 승리합니다. 순위 채점은 다음과 같이 합니다.

[주제] 초등학생 장래희망 순위(2022 기준)

정답순위		개인별 순위	개인별 점수 (개인별 정답 순위와 실제 순위의 오차값)	모둠별 순위	모둠별 점수 (모둠별 정답 순위와 실제 순위의 오차값)
1	운동선수	2	1	1	0
2	교사	1	1	3	1
3	크리에이터	7	4	2	1
4	의사	8	4	4	0
5	경찰관/수사관	9	4	8	3
6	요리사/조리사	10	4	7	1
7	배우/모델	3	4	5	2
8	가수(성악가)	4	4	6	2
9	법률전문가	6	3	9	0
10	만화가/웹툰작가	5	5	10	0
총계			34		10

6. 활동 과정에서 반성할 내용이 있는지 이야기 나눠 봅니다.

행복한 김선생의 수업 톡!톡!

● 여러 교과 중 특히 사회 교과에서 무역, 교류, 시장, 역사, 세계 등을 공부할 때 유용하게 활용할 수 있는 토론 방법입니다. 해당 차시와 주제에 맞는 순위 결정 상황을 제시하면 매우 흥미롭게 수업을 전개할 수 있습니다.

- '만장일치 토론' 방법은 모둠별로 각자 다를 수 있습니다. 완전한 만장일치를 추구할 수도 있고, 다수결의 원칙으로 진행할 수도 있습니다. 중요한 것은 모둠원 모두가 인정한 합의된 결론의 도출이므로 획일화된 만장일치 방법을 강요하지 않도록 합니다.

- 정답 발표 후, 모둠원끼리 서로를 비난하지 않도록 미리 약속합니다. 만장일치 토론의 핵심은 함께 협력하여 끝까지 정답을 찾아가는 데 있기 때문입니다. 결과보다는 과정에 의의를 둘 수 있도록 독려해 주세요.

- 학생들과 만장일치 토론을 진행해 보면 대부분 모둠별 오차값이 개인별 오차값보다 적습니다. 집단 지성의 힘이 발휘되었기 때문입니다. 하지만 간혹 개인별 오차값이 모둠별 오차값보다 적은 경우도 생깁니다. 이런 경우에는 토론 과정에서 모둠원들을 더욱 논리적이고 적극적으로 설득했어야 한다는 것을 강조해 줍니다.

5 왕을 설득하라!

찬반 토론의 부담감을 낮추면서 토론활동에 적극적으로 참여하게 하는 방법 중 하나는 놀이를 활용하는 것입니다. '왕을 설득하라'는 기존의 토론 모형은 아니지만 놀이 형식을 도입해 본격적인 찬반 토론의 재미를 느끼게 하는 활동입니다.

활동 순서

1. 왕 역할을 할 학생을 한 명 뽑습니다. 왕은 앞으로 나와 앉습니다.
2. 왕을 제외한 나머지 친구들끼리 짝을 지어 가위바위보를 합니다. 이긴 사람은 A팀, 진 사람은 B팀이 됩니다. 팀이 나눠졌다면 선생님이 토론 주제를 제시합니다. 각 팀은 토론을 통해 왕이 우리 팀의 의견을 선택하도록 만들어야 합니다.
3. '왕을 설득하라'의 토론 주제는 학생들이 큰 준비 없이 즐겁게 이야기 나눌 수 있는 가벼운 주제로 선정합니다. 학생들에게 제시하는 주제들의 예시는 다음과 같습니다.

주제
A팀 vs. B팀
다음 중 한 사람만 만날 수 있다. 세종대왕 vs. 이순신

	이제부터 한 가지 음식만 먹어야 한다. 된장찌개 vs. 김치찌개
	무인도에 한 가지만 가져갈 수 있다. 라이터 vs. 나이프
	평생 한 가지는 자르지 말고 길러야 한다. 머리카락 vs. 손톱
	나보고 영웅이 되라고 한다. 아이언맨 vs. 스파이더맨
	무조건 반려동물로 키워야 한다. 호랑이 vs. 뱀

4. 각 팀은 주제와 자기 팀의 선택지를 확인하고 난 뒤, 적절하고 합리적인 근거를 준비하는 시간을 보냅니다. 토론 준비 시간은 학습자 수준에 따라 융통성 있게 조정하면 되나, 최소 3분 이상 주는 것이 좋습니다.

5. 준비 시간이 끝나면 각 팀은 왕을 설득하기 위해 총력전을 펼칩니다. 각 팀은 상대팀의 주장의 허점을 찌르는 동시에 자기 팀 의견을 강화해 갑니다. 왕 역할을 맡은 친구는 각 팀의 주장과 근거를 들으며 궁금한 점을 묻기도 하고, 공감하기도 합니다.

6. 각 팀의 주장을 충분히 듣고 난 뒤, 왕이 판결을 내립니다.

7. 왕을 설득하는 데 성공한 팀의 팀원들이 각각 토론 점수 1점씩을 받습니다. 한 라운드가 끝나면 왕을 다시 뽑고, 팀도 새롭게 구성합니다. 위와 같은 방식으로 3~4라운드를 진행해서 토론 포인트를 가장 많이 획득한 사람이 승리합니다.

> 행복한 김선생의 수업 톡!톡!

- '왕을 설득하라'는 토론을 가볍게 시작하는 데 도움을 줄뿐더러 누군가를 설득하기 위해서는 나름의 논리와 합리적 근거가 있어야 함을 이해하게 하는 활동입니다. 특히 소심하거나 다른 사람들 앞에서 말하기 힘들어하는 학생들의 경우, 다른 친구들과 책임이 분산되어 타인의 토론을 주의 깊게 지켜볼 수 있는 시간과 공간이 확보되기 때문에 '토론은 무섭고 어려운 것'이란 편견을 털어 내고 토론에 재미를 붙일 수 있습니다.

- 주제를 제시하고 난 뒤에는 반드시 각 팀별 회의 시간을 충분히 주는 것이 중요합니다. 회의를 건너뛰고 바로 토론을 하면 '말싸움'으로 끝날 위험성이 있습니다. 어느 정도 설득력 있는 근거를 준비하도록 독려하여 최대한 합리적으로 말할 수 있게 합니다.

- 토론을 하다 보면 각 팀의 일부만 발언권을 얻는 경우가 있습니다. 3~4라운드의 토론 중 학생들이 최소 한 번 이상은 말을 할 수 있도록 선생님이 발언권 순서를 조정해 주세요.

6 모서리 토론

'왕을 설득하라'가 가위바위보를 통해 두 가지 선택지 중 하나를 무작위로 배정받고 가볍게 토론을 즐기는 놀이었다면, '모서리 토론'은 '왕을 설득하라'와 형식은 거의 흡사하면서도 보다 체계적이고 논리적인 방식으로 상대를 설득해야 합니다. 과정이 상당히 재미있어서 대부분의 학생들이 가장 많이 선호하는 토론이기도 합니다.

모서리 토론이란?

네 가지 선택지 중 하나를 선택하고 같은 선택지를 고른 친구들과 모여 자신들의 의견을 강화하는 토론입니다. 교실의 네 모서리를 사용하여 모이기 때문에 전에 없이 강한 소속감과 단결력을 보여 주기도 합니다. 토론 과정 내내 치열한 질문과 반박의 과정이 이어지므로 논리적이고 비판적인 의사결정 과정을 경험할 수 있으며, 찬반 대립 토론의 구조를 전체적으로 이해하는 데도 도움을 줍니다.

활동 순서

1. 학생들에게 주제와 네 가지 선택지를 제시합니다. 주제 내용은 최소 세 가지 이상의 선택지를 가지고 있어야 합니다. 예시 주제는 다음과 같습니다.

모서리 토론 주제
가장 좋은 계절은? 봄 / 여름 / 가을 / 겨울
최고의 휴가지는? 산 / 바다 / 워터파크 / 집
가장 위대한 국가는? 고구려 / 백제 / 신라 / 가야
우리나라를 대표하는 음식은? 비빔밥 / 불고기 / 숯불갈비 / 김치

2. 주제를 보고 개인 의견을 정합니다. 이때, 친한 친구를 따라가지 않도록 미리 포스트잇이나 종이쪽지에 쓰게 하는 것이 좋습니다.
3. 같은 선택지를 고른 사람들끼리 모서리에 모입니다. 모서리에 모여 주장에 대한 근거를 이야기 나누고 함께 정리합니다.
4. 각 모서리 대표가 돌아가며 자기 모서리의 근거를 발표합니다. 다른 모서리에서는 이 근거들을 근거를 잘 듣고, 정리합니다.
5. 각 모서리별로 다른 모서리에게 하고 싶은 질문을 준비합니다. 준비 시간이 끝나면 모서리별로 자유롭게 전체 토론을 진행합니다. 질문을 주고받을 때는 팀원이 최대한 골고루 발언권을 확보할 수 있도록 합니다.
6. 전체 토론이 끝나면 개별적으로 최종 선택을 합니다. 토론 결과 1차 선택과 비교해 더 많은 인원을 설득한 모서리가 승리합니다.

1차 선택				2차 선택			
봄	여름	가을	겨울	봄	여름	가을	겨울
2	7	8	6	4	7	5	7
토론 결과				+2	0	−3	+1

* '봄'이 1차 선택에 비해 '두 명'의 인원을 더 설득하는 데 성공했으므로 봄의 승리입니다.

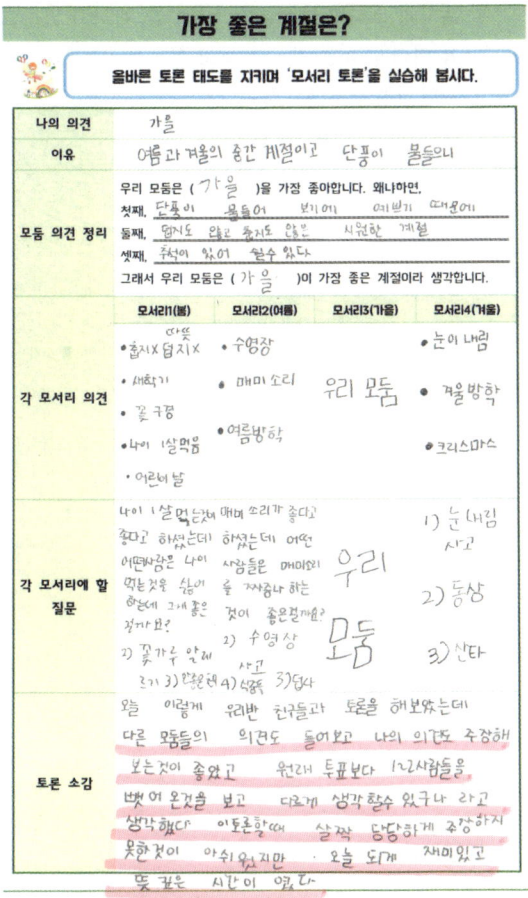

모서리 토론 활동지.

> 행복한 김선생의 수업 톡!톡!

- '모서리 토론'은 책상에 가만히 앉아 있는 토론이 아니라 몸을 움직이면서 교실의 색다른 공간들을 활용하게 됩니다. 덕분에 토론 진행 과정이 상당히 활동적이어서 분위기가 끝까지 처지지 않고 즐겁게 유지됩니다.

- '모서리 토론'은 국어 토론 수업뿐 아니라 다양한 교과에 적용할 수 있어 활용도가 매우 높습니다. 사회 교과만 해도 "우리 지역 최고의 문화유산은?" "가장 시급하게 해결해야 할 촌락과 도시의 문제점은?" "산, 들, 바다가 있는 고장 중 가장 좋은 고장은?" "세계 여러 나라 중 가장 가 보고 싶은 나라는?" 등의 주제를 뽑아낼 수 있으니까요. 교육과정을 조금만 들여다보면 모서리 토론을 적용할 만한 차시가 무궁무진하니 적절하게 잘 구성해 보세요.

7 피라미드 토론

'피라미드 토론'은 '집단 대 집단' 토론을 벗어나 '개인 대 개인'의 토론으로 확장되어 가는 길목에 있는 활동입니다. 학생마다 각자의 의견을 충실히 개진하는 연습을 하게 될 뿐만 아니라 다른 사람의 의견을 경청하고 내 의견을 수정하는 연습 또한 함께 할 수 있습니다.

> **피라미드 토론이란?**
>
> 피라미드 토론은 1:1-2:2-4:4-전체 순으로 토론을 진행하면서 의견을 교환하여 합리적 결론을 내리는 활동입니다. 많은 학생이 한꺼번에 참여할 수 있어서 무임승차가 없다는 것이 가장 큰 장점이며 더 좋은 결과를 내기 위한 치열한 과정에서 자기 주장의 논리를 키우게 됩니다. 토론 결과 나의 의견이 채택되지 않았다고 하더라도 팀의 의견으로 다른 팀과 다시 한번 토론을 진행하기 때문에 유연성 있는 사고를 기를 수 있다는 장점도 있습니다.

활동 순서

1. 선생님이 토론 주제를 제시합니다. 피라미드 토론 주제는 다양한 의견이나 방법을 마련할 수 있는 주제면 모두 가능합니다.

피라미드 토론 주제
무인도에 꼭 가지고 가야 할 물건은?
인생에서 가장 중요한 네 가지는?

학급 임원이 지녀야 하는 덕목은?

아침 활동 시간에 무엇을 하면 좋을까?
---

2. 개인별로 포스트잇을 네 장씩 받고 각 장에 주제에 맞는 의견을 하나씩 적습니다.

    예) "무인도에 꼭 가지고 가야 할 물건은?" / 나이프, 물, 초콜릿, 의자

3. 짝꿍끼리 만나 1:1 토론을 합니다. 각자 쓴 포스트잇 네 장을 소개하고 왜 그렇게 생각했는지 근거를 말합니다. 서로의 의견에 질문·답변하면서 포스트잇 여덟 장 중 설득력이 높은 네 장을 골라 선택합니다.

4. 앞서 토론한 짝꿍이 한 팀이 되어 앞뒤로 2:2 토론을 합니다. 1:1 토론과 마찬가지로 각 팀이 고른 포스트잇을 소개한 뒤, 그중 다시 설득력이 높은 네 장을 골라냅니다.

5. 앞서 토론한 네 명이 한 팀이 되어 다른 모둠과 4:4 토론을 합니다. 4:4 토론이 끝나면 토론 결과를 정리해서 모둠 대표가 발표합니다. 경우에 따라 8:8 토론까지 진행할 수도 있습니다.

6. 각 모둠의 토론 결과를 바탕으로 최고의 의견 네 개를 최종 결정합니다. 어떤 의견이 좋은지 전체 토론을 진행하고 난 뒤에 개별적으로 손을 들어 다수결로 결정합니다.

행복한 김선생의 수업 톡!톡!

● 일반적인 다인수 학급에서는 4:4 토론까지만 권장합니다. 8:8 토론은 현실적으로 원활한 의사소통이 어렵기 때문입니다.

● 인원이 홀수인 경우 부전승 제도를 활용합니다. 짝꿍이 없는 학생은 2:2 토론부터 참여하도록 미리 안내합니다.

● 국어 교과 활동 중 내가 좋아하거나 감명 깊게 읽은 책을 소개하는 수업에서도 활용 가능합니다. 각자 소개하고 싶은 책을 네 권씩 들고 온 뒤에 이 책이 왜 재밌는지 소개하고, '피라미드 토론' 형식으로 그중에서 최고의 책을 뽑아 봅니다. 학급이 뽑은 최고의 책은 추후 온책읽기 시간에 모두가 함께 읽어 보면 좋습니다.

8 가치수직선 & 신호등 토론

'가치수직선 토론'과 '신호등 토론'은 서로 다른 형식이지만 실제 수업에서는 결합하여 사용할 때 효과가 더욱 극적으로 드러납니다. 어떤 방식으로 결합해 사용하는지는 다음을 참고하세요.

가치수직선 토론이란?

가치수직선 토론은 자신의 생각을 수직선 형태의 숫자 위에 표시하는 토론 방법입니다. 단순한 찬반이 아니라 논제에 대해 자기가 생각하는 정도를 숫자로 나타낼 수 있어 소외되거나 무임승차하는 학생 없이 모두가 참여할 수 있다는 장점을 갖고 있습니다. 0을 기준으로 양극단에 강한 찬성(+5)과 강한 반대(-5)를 두고 그 안에서 자기주장의 정도를 표시합니다.

신호등 토론이란?

신호등 토론은 논제에 대한 자기 생각을 색깔로 나타내는 토론 방법입니다. 찬성은 초록색, 반대는 붉은색으로 표시합니다. 만약 판단이 잘 서지 않거나 중립을 지키고 싶다면 노란색으로 표시합니다.

활동 순서

1. 선생님이 토론 주제를 제시합니다. 토론 주제는 찬반을 나눌 수 있는 그 어떤 주제든 무방합니다.
2. 개인별로 주제에 대한 자기 생각을 정하고 포스트잇을 가져갑니다. 이때, 찬성이라면 파란색, 반대라면 빨간색, 중립이라면 노란색

을 가져갑니다.
3. 포스트잇에 주제에 대한 자기 생각을 쓰고 난 뒤, 가치수직선의 숫자에 붙입니다. 완전한 찬성에 가까우면 +5 쪽으로, 완전한 반대에 가까우면 -5 쪽으로 붙입니다.

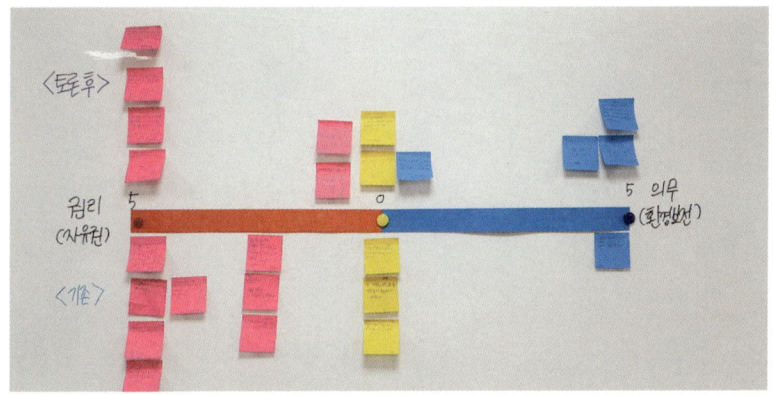

가치수직선을 이용하면 토론 전후로 학생들의 의견이 어떻게 변했는지 알 수 있다.

4. 왜 이렇게 생각했는지 전체 토론을 진행합니다. 전체 토론 후, 생각의 변화가 있는지 확인합니다. 자신의 최종 의견에 맞는 포스트잇을 가져가서 정리하고 가치수직선에 표시합니다.
5. 얼마나 많은 학생들의 생각이 변화했는지 확인합니다.

행복한 김선생의 수업 톡!톡!

● '가치수직선'과 '신호등 토론'은 모두 시각적으로 의견을 명확하게 드러내는 방법입니다. 색깔이 명확한 포스트잇이나 씽킹보드를 활용하는 방식을 추천하며, 온라인 도구인 띵커벨의 토론 모드를 활용해도 좋습니다.

● 전체 토론 이후, 반드시 생각의 변화 정도를 다시 한번 표시하도록 합니다. 그래야 토론을 통해 극단으로 치우친 의견들이 가운데로 모이면서 합의점을 찾아가게 됨을 직관적으로 확인할 수 있습니다.

9 회전목마 토론

토론에 익숙하지 않을 때부터 토론에 어느 정도 익숙해졌을 때까지, 어떤 시기든 유용하게 활용할 수 있는 방법입니다. 몸을 움직이며 진행하기 때문에 학생들의 선호도가 상당하며 말하고 듣는 재미를 흠뻑 느낄 수 있는 토론이기도 합니다.

회전목마 토론이란?

이름 그대로 '회전목마'가 회전하듯이 자리를 옮기며 다양한 짝꿍과 의견을 주고받는 방법입니다. 정해진 시간 동안 짝꿍과 의견을 나누고 생각을 더하는 형태로 읽고, 쓰고, 말하고, 듣는 토론의 기본 자세를 모두 습득할 수 있다는 장점이 있습니다. 모든 학생들이 동시다발적으로 참여하기 때문에 무임승차하는 학생이 없고, 누구나 적극적으로 수업에 참여하게 됩니다.

활동 순서

1. 선생님이 토론 주제를 제시합니다. 토론 주제는 찬반을 나눌 수 있는 그 어떤 것이든 무방합니다.
2. 각자 활동지에 토론 주제에 대한 찬성과 반대 근거를 모두 정리합니다. 활동지 대신 색깔이 다른 포스트잇을 두 장 나눠 주고 찬성과 반대 근거를 정리하게 해도 좋습니다.
3. 회전목마 토론을 할 수 있도록 앞뒤 짝꿍이 서로 마주 보는 형태로

책상을 배치합니다. 짝꿍이 마주 보았다면 가위바위보를 합니다.
4. 이긴 사람이 찬성, 진 사람이 반대 주장을 펼칩니다. 먼저 이긴 사람이 찬성 주장과 근거를 말합니다. 반대편은 찬성 편의 의견을 잘 듣고 반박 질문을 합니다. 이어서 진 사람이 반대 주장과 근거를 말합니다. 찬성 편 또한 반대 편에게 반박 질문을 하고 의견을 주고받습니다.
5. 3분 동안 토론을 하고 난 뒤, 자리를 옮겨 앉습니다. 안쪽 학생들은 가만히 있고, 바깥쪽 학생들만 시계 반대 방향으로 이동합니다. 짝꿍을 바꿨다면 위와 같은 방식으로 동일하게 진행합니다.
6. 최소 4~5명의 짝꿍과 토론하고 난 뒤에 나의 최종 의견을 결정합니다.

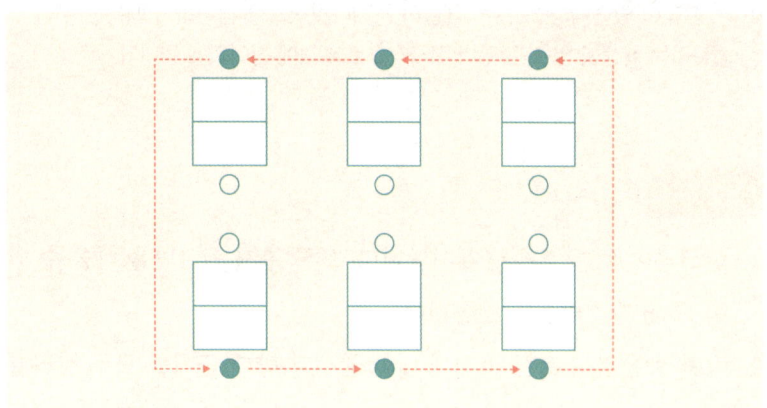

색칠되어 있는 바깥쪽 아이들만 움직이는 구조로 진행한다.

> 행복한 김선생의 수업 톡!톡!

● 여기서 소개한 '회전목마 토론'은 '1대1 짝 토론'과 혼합한 찬반 토론의 형식입니다. 찬반 토론이 아닌 주제라면 자리를 옮겨 앉으며 친구들과 의견을 나누고 더해 가는 형태로 진행해도 무방합니다.

● 앞서 소개한 '가치수직선&신호등 토론'과 함께 활용해도 좋습니다. 가치수직선&신호등 1차 토론 이후, 전체 토론 대신 회전목마 토론을 하고 난 뒤에 2차 토론을 하면 더욱 극적인 생각 변화를 확인할 수 있습니다.

수업활동 ❷
효과적으로 질문 주고받기

질문 주고받기의 어려움은 선생님들이 공통적으로 토로하는 고민 중 하나입니다. 고학년으로 올라갈수록 교육과정에서는 '질문 주고받기 활동'을 매우 강조하는 추세이지만, 이를 실제 교육 현장에서 의미 있게 실현해 내기란 말처럼 쉬운 일이 아니지요. 학생들의 학습 수준 격차가 상당한 데다 대부분 질문을 제대로 만드는 일도, 이를 토대로 대화를 나누는 일도 어려워하거든요. 상황이 이렇다 보니 선생님도 교과서에 '질문 만들기 활동'만 나오면 등에서 식은땀이 흐릅니다. 가끔은 "우리 오늘 이 활동은 하지 말까?" 하고 유야무야 넘어가기도 하지요.

하지만 질문 만들기 활동을 이대로 내버려 둘 순 없습니다. 우리 모두가 알다시피 질문이 함께 하는 교실은 그만큼 학생들이 활발한 상호작용을 하는 교실을 의미합니다. 말 그대로 질문이 수업의 기본이기도 하니까요.

『질문의 7가지 힘』(노혜숙 옮김, 더난출판사, 2016)의 저자 도로시 리즈는 질문의 힘을 다음과 같이 정리했습니다. 첫 번째 힘, 질문을 하면 답이 나온다. 두 번째 힘, 질문은 생각을 자극한다. 세 번째 힘, 질문하면 정보를 얻는다. 네 번째 힘, 질문하면 통제가 된다. 다섯 번째 힘, 질문은 마음을 열게 한다. 여섯 번째 힘, 질문은 귀를 기울이게 한다. 일곱 번째 힘, 질문에 답하면 스스로 설득이 된다.

이렇게 좋은 질문의 힘을 수업에서 충분히 배우고 누리게 하려면 우리는 어떻게 할까요? 쉽고 재밌으면서도 의미 있게 질문을 만들고, 충분히 친구들과 대화할 수 있는 여덟 가지 방법을 지금 소개합니다.

10 질문틀 제공하기

의미 있는 질문 주고받기 활동을 위해서 가장 먼저 해야 하는 일은 학생들이 좋은 질문을 만들어 낼 수 있도록 다양한 예시문이 적힌 '질문틀'을 미리 제공하는 것입니다. 질문 만들기 활동을 할 때, 선생님들이 부딪히는 고민 중 하나가 바로 학생들이 만드는 질문들이 글이나 수업의 내용을 단순하게 확인하는 '사실 질문'에 머물러 있다는 것이죠. 그러다 보니 글 너머로 살펴봐야 하는 친구들의 경험이나 생각을 깊이 끌어내지 못하는 경우가 벌어집니다. 질문의 수준이 얕으면 그에 대한 대답의 깊이도 그만큼 얕아지는 일은 당연지사이고요. 그래서 반드시 학생들에게 제공해야 하는 것이 '질문틀'입니다. 이 질문틀에는 사실 질문뿐만 아니라 생각과 경험을 다각도로 자극하는 다양한 형식이 적혀 있습니다.

질문 만들기	사실	사실	~이 ~인가?	행동	누가 무엇을 어떻게 했니?
		의미	~는 무슨 뜻인가?	결과	어떤 일이 일어났니?
		느낌	~에서 너의 느낌은?	비교	어떤 차이가 있니?
		의견	네 생각은? / 너의 선택은?	장단점	~을 했을 때 어떤 장단점이 있니?
	상상	가정	~가 ~였다면?	방법	어떻게 해야 할까?
		원인	왜 ~했을까?	감정	어떤 마음이었을까?
		생각	어떤 생각이었을까?	가치	~가 중요할까?

질문 만들기	적용	선택	너(나)라면 어떻게 행동, 선택할 것인가?
		판단	너(나)는 ~가 한 행동이 적절한 행동이라고 생각하니?
		가치	너(나)에게 중요한 것은 무엇이며 어떻게 살 것인가?
		가정	네(내)가 ~라면 ~할 것인가?
	종합	변경	내가 주인공이 되어 이야기를 다르게 만들어 보기
		요약	이야기를 간단히 요약해서 말하기
		느낌	전체 이야기를 읽고 난 내 느낌 말하기
		가르침	가장 많이 떠오른 생각과 나에게 주는 가르침은?

질문틀을 활용해 질문을 만들면 "등장인물이 이때 어떤 마음이었을까?"와 같은 상상 질문, "너라면 어떻게 할 것 같아?"를 묻는 적용 질문, "너는 이 이야기를 듣고 어떤 경험이 떠올랐어?"와 같은 종합 질문까지, 학생 수준에 맞는 형식들 덕분에 질문의 깊이가 훨씬 깊어지게 됩니다.

그러니 질문 만들기 수업을 할 때는 무작정 질문을 만들라고 강요하지 마시고 학생들이 충분히 참고할 수 있는 질문틀을 미리 제시해 주세요. 그러면 질문 만들기를 할 때마다 골머리를 앓는 학생의 모습도, 그 모습을 보며 노심초사 잔소리를 하는 선생님의 모습도 점차 사라지게 될 것입니다.

행복한 김선생의 수업 톡!톡!

● '질문틀'은 자주 사용하는 공책이나 교과서에 붙여 놓으면 좋습니다. 1년 내내 언제든 편하게 활용할 수 있는 환경을 만들어 주세요.

11 질문 장터

질문틀을 통해 질문 만들기의 어려움이 많이 줄어들었다면 이제 본격적으로 질문을 만들고 나눠 볼 차례입니다. 첫 번째로 소개하는 방법은 '질문 장터'로 학생들이 가장 선호하는 질문 나누기 활동입니다. 준비물로는 포스트잇이 필요합니다.

활동 순서

1. 학생들에게 노란색 포스트잇 두 장, 빨간색 포스트잇 두 장을 나눠 줍니다. 색깔이 다른 포스트잇 두 장이면 어떤 색이든 무방합니다. 학생들은 각자 포스트잇 오른쪽 위 귀퉁이에 자기 이름을 씁니다.
2. 자기 이름을 다 쓴 친구는 노란색 포스트잇에 글에서 내용을 확인할 수 있는 '사실 질문'을, 빨간색 포스트잇에는 친구의 생각과 경험을 묻는 '상상' '적용' '종합' 질문을 적습니다.

마을 사람들은 왜 싸웠을까?

사과나무에 담을 세운 마을 사람들은 어떤 생각이었을까?

3. 모든 친구가 질문을 만들었다면 교실 곳곳에 포스트잇을 붙입니다. 이때, 주의할 점이 하나 있습니다. 교실에 포스트잇을 붙이라고 하면 마치 보물찾기를 하는 것처럼 꼭꼭 숨겨 두는 친구들이 있습니다. 질문 장터는 보물찾기가 아니기 때문에 친구들이 확인하기 좋은 곳에 붙여 두어야 한다고 미리 확실하게 안내해야 합니다.
4. 포스트잇을 모두 붙였다면, 학생들은 각자 활동지를 들고 다니면서 친구들이 만든 질문들을 확인합니다. 이때 클립보드를 활용하면 활동지가 구겨지지 않고 필기하기에도 편리합니다.
5. 질문을 확인하다가 마음에 드는 질문을 발견했다면 활동지 질문란에 적고, 질문에 대한 대답을 대답칸에 적습니다. 대답을 모두 적었다면 질문을 출제한 친구에게 가서 내용을 확인받고, 서명을 받습니다.

포스트잇 질문 장터

이름:

	질문 내용	대답	출제자 서명
1	마을 사람들은 왜 싸웠을까?	황금 사과를 가지기 위해	
2	사과나무에 담을 세운 마을 사람들은 어떤 생각이었을까?	계속 싸우니까 아무도 가지지 말자는 마음	
3	아랫마을 사람들은 괴물인가요?	아니요	
4	처음부터 금을 넘어오면 10,000원을 내야 한다는 약속을 내세웠다면 어떻게 되었을까?	10,000원보다 저 사과가 비싸다면 넘어가서 벌금을 내고 사과를 가져와 팔지 않았을까…….	

그림책 『황금 사과』(송희진 글·그림, 이경혜 옮김, 뜨인돌어린이, 2010)를 읽고 만든 포스트잇 질문 장터 활동지.

6. 이렇게 제한 시간 내 최소 여섯 개에서 최대 10개까지 질문을 주고 받도록 활동을 운영합니다.

   행복한 김선생의 수업 톡!톡!

● '질문 장터'는 포스트잇이라는 매개체를 활용함으로써 질문을 주고받는 부담을 확 낮춘 활동입니다. 또한 교실을 돌아다니며 자유롭게 질문을 탐색하고 확인하면서 수업의 집중도는 높일 수 있다는 장점이 있지요. 이 활동은 뒤에 소개하는 여러 가지 질문 주고받기 활동의 토대가 되므로 학생들이 익숙해질 수 있도록 자주 연습하는 것을 추천합니다.

● 학생들이 질문을 만드는 시간은 충분히 제공해 주세요. 그래야 수업 내용을 천천히 되돌아보면서 질문할 수 있어 학습자의 수준 차이와 관계없이 질문의 질이 올라갑니다. 활동이 끝나면 선생님은 활동 중간중간 봐 둔 좋은 질문들을 전체 학생들에게 다시 한번 소개해 주세요. 좋은 질문을 많이 접할수록 질문 수준도 올라가게 됩니다.

12 질문 보물찾기

'질문 보물찾기'는 '질문 장터'의 규칙을 약간 변형하고 놀이 요소를 더 강화한 활동입니다. 질문 만들기까지의 과정은 '질문 장터'와 동일하고, 질문 나누기의 과정만 다릅니다. 제목 그대로 보물찾기처럼 질문을 숨기게 되거든요. 준비물은 포스트잇과 점수를 표시할 수 있는 색 자석입니다.

활동 순서

1. 각자 노란색 포스트잇 두 장(사실 질문), 빨간색 포스트잇 두 장(상상, 적용, 종합 질문)에 질문을 만들어 적습니다.
2. 모두 질문을 만들었다면 학생들을 1팀과 2팀으로 나누고 칠판에 '1팀'과 '2팀'이라고 적습니다.
3. 1라운드가 시작하면 2팀은 눈을 감고 책상에 엎드립니다. 1팀이 1분간 포스트잇을 숨깁니다.
4. 1팀이 모두 숨기면 2팀이 일어나 10분간 포스트잇을 찾습니다. 1인당 최대 네 장의 포스트잇을 찾을 수 있고, 수량이 넘어가면 다른 친구에게 양도할 수 있습니다.
5. 학생들은 각자 찾은 포스트잇에 정답이나 자기 생각을 적은 뒤, 질문 출제자에게 확인을 받습니다. 포스트잇에 확인을 받았다면 칠판에 있는 우리 팀 이름 밑에 자석 하나를 올려놓습니다. 자석 하나

당 1점이 됩니다. 포스트잇을 찾은 것으로 끝나지 않고 출제자에게 확인을 받아야만 우리 팀 점수로 인정되기 때문에 학생들은 최선을 다해서 질문 나누기 활동을 하게 됩니다.
6. 10분이 지나면 2라운드를 진행합니다. 2라운드에는 위와 같은 방식으로 2팀이 숨기고 1팀이 찾아서 질문을 해결합니다. 2라운드가 종료되고 난 뒤, 더 많은 질문에 대답을 한 팀이 승리하게 됩니다.

행복한 김선생의 수업 톡!톡!

- '질문 보물찾기'는 놀이 요소가 훨씬 강화된 형태이기 때문에 앞서 소개한 '질문 장터'를 충분히 연습하고 난 뒤에 진행하는 것이 좋습니다. '질문 장터'가 질릴 때쯤 분위기 환기 차원에서 학기당 한두 번 즐겁게 활용하면 질문 주고받기 활동에 매력을 느끼는 학생들이 더 많아질 것입니다.

- 포스트잇을 숨길 때에는 아예 보이지 않을 정도로 꼭꼭 숨기거나 접거나 구겨서 교실 구석에 집어넣지 않도록 미리 약속해 주세요. '질문 보물찾기'가 수업을 위한 놀이임을 확실하게 각인시키고 수업을 방해하는 행위는 절대로 용납하지 않겠다는 것을 엄격하게 말할 필요가 있습니다.

13 질문 바구니

앞서 소개한 '질문 장터'나 '질문 보물찾기'는 학생들이 가장 선호하는 질문 나누기 활동입니다. 다만, 충분한 활동 시간을 보장해 줘야 의미 있는 결과를 얻을 수 있지요. 만약 충분한 활동 시간을 확보하기 힘든 경우라면 지금 소개하는 '질문 바구니' 활동으로 대체해 보세요. '질문 바구니'는 '질문 장터'의 규칙 중 질문 나누기 활동을 변형한 활동으로, 준비물로 포스트잇과 노란 바구니 두 개가 필요합니다.

활동 순서

1. 각자 노란색 포스트잇 두 장(사실 질문), 빨간색 포스트잇 두 장(상상, 적용, 종합 질문)에 질문을 만듭니다.
2. 모두 질문을 만들었다면 포스트잇을 두 번 접습니다. 노란색 바구니 두 개를 앞에 꺼내 놓고 질문을 모읍니다. 이때 노란색 바구니 한 곳에는 노랑 포스트잇을, 다른 노란색 바구니에는 빨강 포스트잇을 모으도록 합니다.
   (* 노란색 바구니는 학급 상황에 따라 적절하게 교체해서 활용하세요.)
3. 질문 포스트잇을 모두 모았다면 한 사람씩 나와서 무작위로 노란색 포스트잇 두 개, 빨간색 포스트잇 두 개를 가져갑니다.
4. 포스트잇의 질문을 확인하고 정답 및 자기 생각을 정리한 뒤, 출제자에게 가서 확인을 받습니다.

5. 확인받은 포스트잇은 교과서 또는 공책에 붙여 놓습니다.

> **행복한 김선생의 수업 톡!톡!**
>
> ● '질문 바구니'는 질문을 고르는 방법을 무작위로 바꾸고 대답해야 하는 질문의 개수를 네 개로 한정하였기 때문에 활동 시간을 줄일 수 있습니다. 질문의 개수는 상황에 따라 융통성 있게 변경해도 좋습니다.
>
> ● 질문의 답을 확인하는 단계에서 학생들끼리 자리에서 일어나 자유롭게 섞여 활동을 하게 됩니다. 이 과정에서 수업 분위기가 흐트러지는 경우가 발생할 수 있어요. 따라서 활동을 하기 전에 미리 질서를 지키고 큰 소리로 친구를 부르지 않기로 약속합니다. 모든 수업은 규칙을 지켜서 활동할 때 가장 즐겁고 의미 있게 진행된다는 걸 매번 강조해 주시는 것이 좋아요.

14 질문 주사위 놀이

교실을 돌아다니는 활동이 다소 부담스러운 저학년의 경우, 놀이 요소를 강화하면서 차분하게 질문을 나누는 방법을 활용해도 좋습니다. 바로 '질문 주사위 놀이'가 그 주인공입니다. 이 놀이를 하기 위해서는 6x6칸 활동지, 색깔이 다른 주사위 두 개가 필요합니다.

활동 순서

1. 수업 시작 전 6x6칸 질문 활동지를 모둠 수만큼 준비합니다. 활동지는 4인 1모둠 기준 A3 크기 이상으로 인쇄하는 것이 좋습니다.
2. 6x6 칸 중 20칸 정도는 선생님이 미리 묻고 싶은 좋은 질문이나 재밌는 미션('꽝!', 선생님 사랑해요 외치기, 일어나서 머리로 이름 쓰기 등)을 적어 놓으면 좋습니다. 학생들이 질문 36개를 모두 만들면 시간도 많이 걸릴뿐더러 질문의 질을 유지하기도 힘들기 때문입니다.
3. 남은 16칸에는 학생들이 여러 가지 질문들을 채워 넣습니다. 보통 4인 1모둠 기준이라고 했을 때, 한 사람당 네 개 정도를 만들게 됩니다. 서로 비슷한 질문을 만들어도 활동에는 지장이 없으니 각자 다른 질문을 떠올려야 하는 부담감이 없게 해 주세요.
4. 모두 질문을 만들었다면 주사위 놀이를 시작합니다. 모둠별로 색깔이 다른 주사위 두 개를 가져가고, 가로와 세로의 주사위 색을 결정합니다. (예: 가로-노란색 주사위, 세로-빨간색 주사위)

주사위 놀이판. 곳곳에 질문, 미션, '꽝'이 적혀 있다.

5. 모둠 1번부터 주사위를 던집니다. 예를 들어 노란색 5, 빨간색 6이 나왔다면 가로5, 세로6이 만나는 질문에 대답을 합니다. 제대로 대답했다면 1점을 얻습니다. 미션이 걸렸을 경우 미션을 해결하고 1점을 얻습니다.

6. 위와 같은 방식으로 돌아가며 주사위를 던지면서 자연스럽게 다양한 질문에 대한 자기 생각을 이야기하고, 서로의 대답을 확인합니다.

행복한 김선생의 수업 톡!톡!

● '질문 주사위 놀이'는 선생님이 미리 양질의 질문을 채워 넣어 질문 만들기의 부담을 줄이며 질문의 질을 높이는 효과를 얻을 수 있습니다. 또한 놀이 형식으로 질문 나누기의 흥미를 끌어내 학생들이 즐겁게 질문을 주고받을 수 있게 돕습니다. 만들어야 하는 질문의 칸 수만 조정하면 저학년도 충분히 즐길 수 있는 활동입니다.

● 모둠별로 색 주사위 두 개를 나눠 줄 수 없는 경우 일반 주사위 한 개를 두 번 던져 진행해도 무방합니다. 활동을 시작하기 전에 첫 번째 던진 숫자가 가로, 두 번째 던진 숫자가 세로임을 미리 약속해 주세요.

● 질문 만들기 활동뿐 아니라 단원 정리 시 활용해도 좋습니다. 6x6칸에 단원에서 배운 여러 가지 내용과 관련된 문제를 제시하면 모둠별로 즐겁게 복습하는 데 도움이 됩니다. 서로 모르는 문제를 가르쳐 주는 효과도 있고요.

15 질문 말판 놀이

'질문 주사위 놀이'가 모둠별로 진행된다면 '질문 말판 놀이'는 짝 활동으로 진행하는 형식입니다. '질문 주사위 놀이'보다 규칙과 진행 방식이 더 단순해서 짧은 시간 안에 여러 번 놀이를 즐길 수 있다는 장점이 있습니다. 준비물은 활동지와 주사위 한 개입니다.

활동 순서

1. 수업 시작 전 질문 말판 활동지를 2인당 한 장씩 준비합니다. 활동지는 짝꿍이 서로 편하게 살펴볼 수 있어야 하므로 B4 크기 이상으로 인쇄하는 것이 좋습니다.
2. 말판 활동지의 30칸 중 20개 칸 정도는 선생님이 미리 묻고 싶은 좋은 질문이나 재미있는 미션(뒤로 두 칸, 처음으로 돌아가기, 짝꿍 장점 세 개 말하기, 짝꿍과 내 말 위치 바꾸기 등)을 적어 놓습니다.
   (＊ 말판의 칸 수는 학급 상황과 학습자 수준에 따라 조정하세요.)
3. 남은 10칸에는 짝꿍끼리 질문을 채워 넣습니다. 짝꿍끼리 서로 어떤 질문을 넣으면 좋을지 상의해서 여러 가지 질문을 만들어 적도록 독려합니다.
4. 말판을 완성했다면 놀이를 시작합니다. 주사위를 던져 해당 숫자만큼 이동합니다. 이때, 숫자에 따라 다음과 같은 규칙을 적용하면 재미 요소를 더욱 강화할 수 있습니다.

1	한 칸 이동
2	두 칸 이동
3	세 칸 이동
4	한 턴 쉬기
5	친구와 가위바위보! 진 사람이 두 칸 뒤로 가기
6	친구와 묵찌빠! 이기면 여섯 칸 이동, 지면 처음으로 돌아가기

5. 서로 돌아가며 주사위를 던지면서 다양한 질문에 대한 자기 생각을 이야기하고, 대답을 확인합니다. 도착 지점에 먼저 말을 놓는 사람이 승리합니다.

행복한 김선생의 수업 톡!톡!

● '질문 말판 놀이'는 짝꿍끼리 진행하므로 질문을 주고받는 횟수를 늘리면서 선생님이 준비한 양질의 질문을 충분히 접할 수 있게 돕는 활동입니다. 질문을 주고받는 부담이 덜해 학습 수준이 낮은 친구도 쉽게 참여할 수 있는 장점을 갖고 있어 어떤 교과든 쉽게 적용할 수 있습니다.

● 마지막 결승점에 도착할 때, 정확한 숫자로 도착해야 한다는 규칙을 적용하면 게임이 더욱 재미있어집니다. 예를 들어, 결승점까지 세 칸 남았다면 반드시 주사위 숫자가 3이 나와야 하는 것이지요. 만약 3이 나오지 않았다면 그 자리에 계속 머물러 있게 됩니다. 이 규칙을 적용하면 역전을 허용하는 경우가 생겨서 치열한 승부를 벌일 수 있습니다.

16 질문공 던지기

'질문공 던지기'는 학생 수가 많고 수업 시간이 제한적인 상황에서 빠르게 질문을 모으고 대답해 보는 활동입니다. 국어 시간에 등장 인물에게 하고 싶은 질문을 모을 때, 짧은 감상이나 생각들을 모을 때, 사회나 과학 등 개념을 확인하는 문제를 모을 때 활용하면 좋습니다. 준비물은 포스트잇입니다.

활동 순서

1. 각자 수업 내용을 확인하고 하고 싶은 질문 한 가지를 포스트잇에 적습니다.
2. 포스트잇을 살짝 공처럼 구깁니다. 선생님이 "하나, 둘, 셋" 하면 앞으로 던집니다.
3. 선생님이 바닥에 떨어진 질문 중 하나를 주워서 읽고 학생들과 생각을 나눕니다.
4. 위와 같은 방식으로 제한 시간 동안 여러 질문을 찾아서 읽고 생각 나누기를 합니다.
5. 활동 시간이 충분하다면 선생님이 줍지 못한 질문공은 학생들이 각자 한 개씩 주워서 자기 생각을 써 보게 합니다.

● '질문공 던지기'는 앞서 소개한 여러 가지 질문 만들기 활동을 거친 뒤, 학생들 대부분이 좋은 질문을 만들 수 있을 때 활용하는 것을 권장합니다. 질문을 무작위로 주워 몇 개만 읽게 되므로 다수의 질문이 일정 수준의 질을 담보하지 못하는 경우 유의미한 수업 결과를 끌어내기 힘들기 때문입니다. 결과를 예측하기 어려우므로 충분히 질문 만들기 연습이 되기 전까지는 조심해서 적용하세요.

● 질문공을 던질 때, 아주 꼬깃꼬깃하게 구겨서 던지지 않도록 합니다. 너무 많이 구긴 경우 펴기도 힘들뿐더러 질문을 확인하기 어려울 수 있기 때문입니다. 살짝만 힘을 줘서 던질 수 있는 형태가 적합합니다.

17 회전목마 질문 나누기

앞서 소개한 방법들이 모두 포스트잇이나 활동지를 매개로 질문을 나눠 보는 활동이라면 '회전목마 질문 나누기'는 학생들이 서로 마주 보고 질문을 주고받는다는 점에서 큰 차이가 있습니다. '토의·토론 수업' 파트에서 소개한 회전목마 토론 방식을 질문 나누기에 적용한 형태지요.

활동 순서

1. 학생들이 수업 내용을 바탕으로 질문지를 완성하고, 앞뒤 학생이 2인 한 쌍으로 서로 마주 보도록 책상을 돌려 앉습니다.

	나의 질문
1	[필수 질문] 친구와 관련된 너의 경험을 들려줄래?
2	여기에 나오는 애는 어떻게 싸우게 되었어?
3	네가 여기에 나오는 그 아이의 짝꿍이었으면 먼저 사과를 했을 거야?
4	책 제목 '짝꿍'은 무슨 뜻이야?
5	네가 주인공이었다면 어떻게 해결할 거야?
6	친구와 싸워서 다툰 적 있어?
7	네가 그 아이의 짝꿍이었다면 어떤 마음이 들 것 같아?
8	이 책은 왜 제목이 '짝꿍'이야?
9	주인공이 화나서 어떻게 했니?
10	너의 최고 짝꿍은 누구였니?

그림책 『짝꿍』(박정섭 글·그림, 위즈덤하우스, 2017)을 읽고 만든 학생 질문지.

2. 마주 본 학생끼리 가위바위보를 합니다. 이긴 사람이 먼저 자기가 준비한 질문을 하고, 진 사람이 대답을 합니다. 이어서 진 사람이 질문을 하고, 이긴 사람이 대답을 합니다. 이런 방식으로 제한 시간 3분 동안 질문과 대답을 주고받습니다.

3. 3분이 지나면 바깥쪽에 앉아 있는 학생들이 시계 반대 방향으로 이동합니다. 또 다른 짝꿍을 만나 질문을 주고받습니다.

4. 위와 같은 방식으로 제한 시간 동안 여러 친구를 만나 질문 주고받기 활동을 합니다.

행복한 김선생의 수업 톡톡!

● '회전목마 질문 나누기'는 시간이 지날수록 질문하고 대답하는 행동 자체에 익숙해지게 만드는 활동입니다. 처음에는 질문 주고받기를 어색해하던 학생들도 몇 번씩 짝꿍을 바꿔 가면서 자연스럽게 연습 과정을 거치게 되거든요. 친구들과 만나 즐겁게 대화하는 재미를 선사하는 만큼 '질문 장터'와 함께 학생들이 가장 선호하는 활동 중 하나가 될 것입니다.

● 활동이 익숙하지 않은 초반에는 짝 활동 시간을 1분 정도로 짧게 줘도 괜찮습니다. 부담을 낮추고 회전 횟수를 늘려 여러 짝꿍을 만나며 말하고 듣는 연습을 충분히 할 수 있거든요. 활동이 익숙해지면 깊이 있는 대화를 할 수 있도록 활동 시간을 3~5분 정도로 충분히 늘려 주세요.

● 선생님의 수업 진행 부담이 상당히 낮은 활동입니다. 선생님이 시간 관리와 분위기 정돈 정도만 해 주면 학생들이 알아서 움직이기 때문이지요. 학년 초, 활동을 여러 번 진행하면서 질문 주고받기 수업의 루틴으로 빠르게 정착시켜 주세요. 안정적인 수업 운영이 가능해집니다.

● 질문 나누기뿐 아니라 경험 나누기, 생각 나누기, 결과물 나누기 활동에서도 적극적으로 활용해 보세요.

수업활동 ❸

무임승차 없는 모둠활동

예전에 한 번쯤은 들어봤을 법한 '협동학습의 원리'. 혹시 기억하시나요? 무임승차 없는 모둠활동을 만드는 협동학습의 기본 원리는 네 가지입니다.

첫째, 긍정적인 상호 의존입니다. 말 그대로 서로에게 긍정적인 영향을 미치는 상호 의존 관계를 구축하는 것이 협동학습의 첫 번째 기본 원리입니다.

둘째는 개인적인 책임입니다. 모둠활동이 흔히 실패하는 이유는 한 명의 리더가 과도한 책임을 지고 있기 때문입니다. 하지만 협동학습에서는 우리가 가장 경계하는 '무임승차'를 구조적으로 제거합니다. 개개인에게 구체적인 역할을 제시하기 때문이지요. 그러므로 개개인은 각자의 역할을 충실히 수행하여 모둠 수행에 도움을 줘야 합니다.

이러한 과정에서 자연스럽게 세 번째 원리가 도출됩니다. 바로 동등한 참여입니다. 앞서 말한 것처럼 한두 사람에 의해 과제가 독점되지 않고, 각자가 모두 동등한 위치에서 참여해야만 성공할 수 있도록 수업 구조를 만들어야 하는 것이죠.

마지막 네 번째는 동시다발적 상호작용입니다. 모둠 내 학습활동이 동시다발적으로 이뤄지면서 의견을 주고받는 구조를 뜻하죠.

이 네 가지 원리는 언뜻 평범해 보이지만 실제로 구현하기에는 상당히 까다로운 조건들이기도 합니다. 이러한 구조를 만들기 위해서는 교사의 상당한 연구와 관심이 필요한 것이 엄연한 현실이죠. 어떻게 하면 조금 더 쉽고 의미 있게 모둠활동을 진행할 수 있을까요? 학습활동부터 내용 정리까지, 아무도 딴짓하지 않고 모둠 내에서 적극적인 자기 역할을 하게 만드는 아홉 가지 모둠활동 방법을 소개합니다.

18 4칸 정리하기

앞서 이야기한 것처럼 모둠활동의 무임승차를 방지하기 위해서는 개인적인 책무와 모둠 내 상호작용을 동시에 강조해야 합니다. '4칸 정리하기'는 이 두 가지 요소를 모두 만족시키는 가장 간단한 수업활동입니다.

활동 순서

1. 학생들을 4인 1모둠으로 배치하고, 모둠당 4절지를 한 장씩 나눠 줍니다. 모둠원은 각자 다른 색깔의 펜을 가져갑니다.
2. 4절지를 네 칸으로 나눠서 자릅니다. 수업 내용에 따라 다양한 모양으로 나눌 수 있습니다.

3. 모둠원이 각자 한 칸씩 맡아 수업에 필요한 내용을 정리합니다. 전부 똑같은 내용을 정리할 수도 있고, 수업 내용이 많다면 한 사람씩 서로 다른 부분을 맡아 정리해도 좋습니다.

   예) '경제 성장 과정에서 일어난 문제점'이 주제일 경우 1번은 환경, 2번은 빈부 격차, 3번은 지역 격차, 4번은 노사 갈등으로 나눠서 조사한 내용을 정리하게 합니다.

4. 모둠원끼리 정리한 내용을 확인하며 공유하고 난 뒤, 모둠 간 전체 발표를 진행합니다. 이때 자기가 정리한 내용은 자기가 발표하는 것을 원칙으로 합니다.
5. 전체 발표 이후에 학생들이 정리한 4절지는 한데 묶어 교실에 비치하고 수업 조사 보고서로 활용합니다.

행복한 김선생의 수업 톡!톡!

- 서로 다른 부분을 맡아 정리를 하는 경우, 반드시 모둠원끼리 내용을 확인하고 정리하는 시간을 충분히 마련하도록 합니다. 내가 맡지 않은 다른 부분도 확실하게 이해해야 학습 효과가 커지기 때문입니다.

- 수업 중간중간 복습 및 정리 활동으로 활용해도 좋습니다. 강의식 수업만 하는 경우 학생들의 집중도가 떨어질 확률이 높은데 5~6분의 강의 후 4절지에 지금까지 배운 내용을 1~2분 안에 정리하고, 다시 5~6분 강의 후 1~2분 정리하는 식으로 진행하면 학생들이 수업에 몰입감 있게 참여할 수 있습니다.

- 칠판 활용 활동으로도 변형해 보세요. 수업 마지막 5분에 칠판을 네 칸으로 나누고, 무작위로 네 명의 학생을 뽑습니다. 네 명의 학생들은 2~3분간 핵심 키워드가 들어가도록 오늘 배운 내용을 칠판에 정리합니다. 나머지 학생들은 칠판을 보며 제대로 정리되었는지 확인합니다. 무작위로 학생을 뽑기 때문에 끝까지 긴장감을 유지할 수 있습니다.

19 윈도우 패닝

'창틀 채우기'라고 불리는 '윈도우 패닝'은 오늘 공부한 내용을 간단한 그림과 글로 표현하게 하는 활동입니다. 앞서 소개한 '4칸 정리하기'가 글 중심의 활동이라면, 윈도우 패닝은 그림이 중심이 되는 활동이라고 할 수 있지요. 또한 4칸 정리하기가 수업 중간에 활용하는 성격이 강하다면, 윈도우 패닝은 학습 정리 및 복습 단계에서 주로 활용합니다. 모둠활동으로 시작해서 점차 개인활동으로 넘어가면 좋습니다.

* 활용사례(1): 모둠으로 운영 시

활동 순서

1. 4인 1모둠 기준으로 각 모둠에게 빨간색 포스트잇 한 장과 노란색 포스트잇 여덟 장을 나눠 줍니다. 포스트잇을 모아 붙일 B4 용지도 모둠당 한 장씩 나눠 줍니다.
2. 모둠원이 각자 노란색 포스트잇을 두 장씩 나눠 갖습니다. 빨간색 포스트잇에는 오늘 배운 내용이 담긴 제목을 씁니다. 예를 들어, 사회 시간에 '우리나라의 경제 발전'을 주제로 공부했다면 그것을 제목으로 쓰면 됩니다.
3. 모둠원이 함께 오늘 공부한 내용을 확인하고, 각자 어떤 내용을 정리할 것인지 결정합니다.
4. 자신이 맡은 내용을 간단한 그림과 글로 정리합니다. 그림은 비주

얼 씽킹과 같이 단순하고 상징적으로 그리도록 합니다.
5. 모두 정리했다면 B4용지에 포스트잇을 붙입니다. 제목을 쓴 빨간색 포스트잇을 중심에 놓고, 노란색 포스트잇 여덟 장이 둘러싸는 형태로 배치합니다.
6. 모둠 시계 돌리기(259쪽 참고)로 각 모둠의 결과물을 공유하는 시간을 보냅니다.

*활용사례(2): 개인으로 운영 시

> 활동 순서

1. 학생들에게 2x2 또는 3x3으로 나눈 칸이 그려진 학습지를 나눠 줍니다. 수업 내용과 학습자 수준에 따라 칸 수와 모양은 조정할 수 있습니다.

동화책 『열세 살 우리는』(문경민 글, 이소영 그림, 우리학교, 2023)을 읽고 학생들이 만든 윈도우 패닝 결과물.

2. 제목을 쓰고, 각 칸에 오늘 공부한 내용을 간단한 그림과 글로 정리합니다.
3. 정리한 내용은 갤러리 워크(267쪽 참고)를 통해 모두가 함께 공유하는 시간을 보냅니다.

행복한 김선생의 수업 톡!톡!

- 그림과 글을 정리하기 전에 반드시 오늘 공부한 내용의 핵심 키워드가 무엇인지 되새겨 보게 한 뒤에 활동을 시작합니다. '윈도우 패닝'의 성패는 핵심 키워드를 얼마나 잘 찾아서 표현하느냐에 있기 때문입니다.

- 혼자서 많은 칸을 채워야 하는 개인활동에 비해 모둠활동은 1인당 두 개만 만들면 되기 때문에 상대적으로 부담이 덜합니다. '윈도우 패닝'을 어려워하는 친구들이 많다면 모둠활동으로 충분히 익숙해지고 난 다음, 개인활동으로 확장해 나가도록 합니다.

20 컨베이어 벨트 모둠 탐색

'컨베이어 벨트 모둠 탐색'은 다양한 주제에 관한 모둠 의견과 결과물을 정리하고 이를 효과적으로 다른 모둠과 공유할 수 있는 형태의 학습활동입니다. 짧은 시간 내에 집중력 있는 모둠활동을 유도하고, 여러 가지 주제들을 탐색할 기회를 주기 때문에 수업의 재미를 일정 수준 이상으로 유지할 수 있다는 장점이 있습니다.

활동 순서

1. 모둠별로 서로 다른 주제 또는 질문이 있는 4절지를 나눠 줍니다. 주제의 개수는 수업 내용에 따라 조정합니다. 여섯 모둠을 기준으로 했을 때 여섯 주제 또는 모둠 수의 절반인 세 주제를 준비합니다. 단, 주제의 수는 반드시 모둠 수의 절반 이상이어야 합니다. 예를 들면 아래와 같습니다.

4학년 과학 '퇴적암의 종류와 특징'		
1~2모둠	3~4모둠	5~6모둠
[역암] 색깔 알갱이의 크기 촉감	[이암] 색깔 알갱이의 크기 촉감	[사암] 색깔 알갱이의 크기 촉감

5학년 사회 '고구려와 백제의 문화유산 탐색하기'		
1~2모둠	3~4모둠	5~6모둠
[수렵도] 왜 사슴이 호랑이보다 클까?	[접객도] 왜 사람들의 크기가 제각각일까?	[백제금동대향로] 대향로는 무슨 이유로 만들었을까?

2. 모둠별로 4절지에 붙은 주제를 확인하고, 모둠원이 함께 5분간 주제를 탐색합니다. 탐색 결과를 포스트잇에 작성하여 정리하고 모둠원 모두의 확인을 받습니다. 포스트잇에는 반드시 모둠 번호를 씁니다.
3. 모든 모둠이 탐색을 끝냈다면 우리 모둠의 4절지는 그대로 둔 상태에서 다른 주제를 받은 모둠의 자리로 옮겨 앉습니다. 위와 같은 방식으로 여러 주제를 탐색하고 그 결과를 붙여 둡니다.
4. 원모둠으로 돌아와서 다른 모둠의 탐색 결과를 확인합니다. 탐색 결과를 종합해서 전체 발표를 하고, 선생님의 강의를 듣습니다.

행복한 김선생의 수업 톡!톡!

● 모둠 탐색 및 결과 정리 시간은 최대 5~6분을 넘지 않게 합니다. 모둠 탐색 시간이 너무 길어지는 경우 수업이 지루해지고, 집중도가 떨어지기 때문입니다.

● 모둠끼리 자리를 이동하기 때문에 미리 책상 정리를 깨끗하게 해 둬야 합니다. 필요한 물건 외에는 모두 서랍에 집어넣어 방해 요인을 제거해 주세요. 모둠 회전 방향 또한 시계 방향 또는 반대 방향으로 미리 약속해 놓아야 혼란을 방지할 수 있습니다.

21 셋 가고 하나 남기

협동학습의 대표적인 활동수업 중 하나입니다. '컨베이어 모둠 탐색'이 다양한 주제를 짧은 시간 동안 돌아가며 탐색하는 데 집중했다면, 반대로 '셋 가고 하나 남기'는 모둠별로 하나의 주제를 맡아 깊이 탐색하고 그에 따른 학습 결과를 다른 모둠과 공유하는 형태입니다.

활동 순서

1. 모둠별로 서로 다른 주제를 나눠 가집니다. 주제의 개수는 수업 내용에 따라 조정합니다. 여섯 모둠을 기준으로 했을 때 여섯 주제를 준비하거나 모둠 수의 절반인 세 개의 주제를 준비합니다. 단, 주제의 개수는 반드시 모둠 수의 절반 이상이어야 합니다. 이번에는 여섯 모둠 기준으로 세 개 주제를 탐색하는 방법, 여섯 개 주제를 탐색하는 방법을 골고루 설명하겠습니다.

6학년 과학 '기체의 종류와 특징'					
1모둠	2모둠	3모둠	4모둠	5모둠	6모둠
산소	이산화탄소	수소	질소	헬륨	질소

6학년 사회 '세계의 6대륙'					
1모둠	2모둠	3모둠	4모둠	5모둠	6모둠
아시아	유럽	북아메리카	남아메리카	아프리카	오세아니아

2. 모둠별로 맡은 주제를 조사하고, 모둠 결과물을 작성합니다.
   (＊모둠 결과물은 4절지에 정리하거나 온라인 도구를 활용합니다.)
3. 모둠 결과물 작성이 끝나면 모둠원 중 한 명을 호스트로 정하고, 호스트를 제외한 나머지 세 명의 모둠원은 시계 방향에 있는 모둠으로 자리를 옮깁니다. 이때, 반드시 다른 모둠의 내용을 정리할 수 있는 개인 학습지나 공책을 갖고 이동해야 합니다.
4. 모둠에 남아 있는 호스트는 자기 모둠의 조사 결과를 다른 모둠원들에게 설명합니다. 이동한 모둠원은 개인 학습지 또는 공책에 현재 앉은 모둠의 조사 결과를 정리합니다. 각 모둠의 발표 시간은 5~10분 정도가 적당합니다. 주제의 개수에 따라 조정하세요.
5. 위와 같은 방식으로 모든 주제를 탐색하고 난 뒤, 원래 자기 모둠으로 돌아옵니다. 이렇게 되면 호스트로 남아 있던 한 친구만 다른 모둠의 설명을 듣지 못하게 됩니다. 돌아온 세 명의 모둠원이 호스트에게 지금까지 다른 모둠에게 들었던 내용을 설명해 줍니다. 호스트는 친구들의 설명을 들으며 개인 학습지를 정리합니다.

행복한 김선생의 수업 톡!톡!

- 모둠별 조사학습이 충분히 이뤄지도록 활동 시간은 여유 있게 주는 것이 좋습니다. 수업 내용에 따라 다르겠지만 대체로 15분 이상은 보장해 줍니다.

- 호스트에게 다른 모둠의 조사 결과를 설명해 줄 때, 학습지만 보여 주고 베껴 쓰게 하는 경우가 있습니다. 그렇게 하면 학습 효과가 반감됩니다. 반드시 돌아온 세 명의 모둠원이 다른 모둠의 조사 결과를 말로 설명할 수 있게 합니다. '셋 가고 하나 남기'는 모둠 간 학습 결과를 공유할 수 있을 뿐만 아니라 모둠 내 의사소통도 강화하는 형태의 활동이므로 이 부분을 간과해서는 안 됩니다.

22 모둠 릴레이 퀴즈

'모둠 릴레이 퀴즈'는 이름 그대로 모둠원이 각자 책임을 지고 릴레이로 문제를 해결하는 학습 형태입니다. 실제 릴레이 경주처럼 모두가 자기 역할을 충실히 해낼 때 가장 좋은 결과를 얻을 수 있기 때문에 무임승차를 방지하고 협력을 강화할 수 있습니다.

활동 순서

1. 학생들에게 오늘 공부할 부분을 안내합니다. 학생들은 모둠별로 그 부분을 살펴보고 중요한 내용을 함께 정리합니다.
2. 선생님은 미리 문제 카드를 준비합니다. 문제 카드는 각각 모둠 수만큼 있어야 합니다. 예를 들어 문제 카드가 1번부터 16번까지 있고 모둠수는 여섯이라면, 1~16번의 문제 카드를 여섯 개 준비해야 합니다.
3. 모둠 공부 시간이 끝나면 릴레이 퀴즈를 시작합니다. "준비, 시작!" 소리와 함께 각 모둠의 1번 모둠원이 나와 자기 모둠의 1번 문제를 받아 갑니다. 문제를 확인하고 정답을 적어 선생님께 제출합니다.
4. 정답이라면 1번 모둠원은 재빨리 자리로 돌아가 2번 모둠원과 하이파이브를 합니다. 바통을 이어받은 2번 모둠원이 나와서 해당 모둠의 2번 문제를 받아 갑니다.
5. 만약 정답이 틀렸거나 정답을 모르는 경우엔 모둠으로 돌아가 모

둠원들의 도움을 구할 수 있습니다. 모둠원들은 적절한 지원으로 모둠 주자가 문제를 해결할 수 있도록 돕습니다.

6. 위와 같은 방식으로 마지막 문제를 모두 푼 모둠은 성공 미션을 합니다. 성공 미션으로는 모둠이 다 함께 "우리 모둠 최고!" 만세를 하거나 "선생님, 사랑해요!"와 같은 구호를 외치게 하면 좋습니다.

행복한 김선생의 수업 톡!톡!

- 4인 1모둠 기준으로 한 사람당 서너 문제씩 해결하게 하는 것이 가장 적당합니다. 문제를 만들 때 12~16문제 사이로 준비해 주세요.

- 선생님께 정답을 확인받을 때 모둠 대표가 너나 할 것 없이 정답을 들이밀면 분위기가 굉장히 어수선해집니다. 정답을 확인받고 싶은 사람은 반드시 일정 간격 이상 떨어져서 일렬로 줄을 서야 한다고 강조해 주세요. 미리 줄을 서야 하는 위치를 원마커 등으로 표시해 놓아도 좋습니다.

- 빨리 미션을 끝낸 모둠부터 1등, 2등으로 순위를 정하기보다는 제한 시간 내에 릴레이를 끝낸 모둠은 모두 성공을 하는 방식이라고 미리 안내해 주세요. 그래야 조금 늦는 모둠도 포기하지 않고 끝까지 활동에 참여할 수 있습니다. 협력성을 강화하기 위해 제한 시간 내 모든 모둠이 성공했을 경우 전체 보상을 하는 것으로 약속하면 서로서로 다른 모둠의 성공을 응원하는 예쁜 모습도 볼 수 있습니다.

23 무작위 번호 퀴즈

'무작위 번호 퀴즈'는 앞서 소개한 '모둠 릴레이 퀴즈'처럼 모둠원이 함께 학습하고 힘을 모아 퀴즈를 풀어내는 형태의 학습활동입니다. 차이점이 있다면 모둠 릴레이 퀴즈는 문제를 푸는 순서가 있고, 무작위 번호 퀴즈는 누가 언제 문제를 풀지 정하지 않고 무작위로 문제를 풀어야 한다는 점에서 개인의 책무성을 더욱 강화하곤 합니다.

활동 순서

1. 학생들에게 오늘 공부한 내용을 복습할 시간을 줍니다. 어려운 부분이 있다면 모둠원과 함께 확인하고, 잘 모르겠다면 선생님에게 물어봐도 좋습니다.
2. 복습이 끝났다면 퀴즈를 위한 준비를 합니다. 모둠별로 정답을 쓸 보드판과 마커를 나눠 줍니다.
3. 퀴즈가 시작되면 선생님이 모둠원 번호를 지명합니다. 예를 들어 선생님이 "각 모둠 3번이 문제를 풉니다"라고 이야기하면 해당 번호의 모둠원은 모둠 대표가 되어 보드판과 마커를 자기 앞으로 가져갑니다.
4. 모둠 대표가 문제를 풀 준비가 되었다면 문제를 제시합니다.
   예) "하얼빈 역에서 이토 히로부미를 저격한 독립운동가인 이 사람의 이름은 무엇일까요?"

5. 모둠 대표가 보드판에 정답을 씁니다. 나머지 모둠원은 말할 수는 없지만 눈빛과 표정으로 맞았는지 틀렸는지를 확인해 줄 수 있습니다.
6. 만약 모둠 대표가 정답을 알지 못하는 상황이라면 공식적으로 모둠원들에게 도움을 구할 수 있습니다. 제한 시간 30초 동안 모둠원들은 모둠 대표에게 정답을 설명합니다. 단, 보드판에 정답을 쓰는 사람은 반드시 모둠 대표로 제한합니다.
7. 위와 같은 방식으로 선생님이 학생들 번호를 부르면 호명된 학생은 남은 문제를 풀고 가장 많은 문제를 맞힌 모둠을 확인합니다.

행복한 김선생의 수업 톡!톡!

- 모둠 대표가 모둠원들에게 도움을 구하는 횟수를 모둠당 3번 정도로 제한할 수 있습니다. 다만, 모둠 대표를 돕는 과정에서 서로 공부한 것을 가르쳐 주고 확인하는 '긍정적 상호작용' 또한 일어나므로 횟수 제한은 학습자의 수준에 따라 융통성 있게 적용하세요.

- 모둠 순위를 매기는 모둠 간 경쟁보다는 '10문제 중 9문제 이상 맞히기'와 같이 도달 목표를 제시하고 모둠이 힘을 합쳐 이 목표를 달성하는 쪽으로 수업 분위기를 조성하면 좋습니다. 틀린 친구 비난하지 않기, 모를 때는 기꺼이 친구들의 도움 받기 등 협력적 수업 문화를 강조해 주세요.

24 문제를 넘겨라!

수업 정리 및 확인 단계에서 적용하는 활동으로, 모둠별로 협동하여 문제를 만들고 풀 수 있는 구조로 구성되어 있습니다. 각자 문제를 내고 맞히며 동등한 개인적 책임을 강조하는 동시에 동시다발적으로 긍정적인 상호작용을 가능케 하는 형태이지요.

활동 순서

1. 4인 1모둠 기준으로 한 모둠당 포스트잇을 여덟 장씩 나눠 줍니다. 모둠원이 각각 두 장씩 나눠 갖습니다.
2. 지금까지 공부한 내용을 천천히 살펴보면서 포스트잇 두 장에 각각 확인 문제를 냅니다. 이때, 모둠원이 함께 상의하면서 어떤 문제를 낼 것인지 의견을 교환하고 점검할 수 있도록 합니다.
3. 문제를 모두 만들었다면 시계 방향에 있는 옆 모둠에게 문제를 넘기며 서로 포스트잇을 교환합니다.
4. 옆 모둠의 문제를 받았다면 모둠원이 각자 두 장씩 나눠 갖고 문제를 해결합니다.
5. 문제를 모두 풀고 난 뒤에는 모둠별 협의를 통해 정답이 맞는지 다시 한번 확인하는 시간을 보냅니다.
6. 정답 확인까지 끝나면 원래 모둠에게 포스트잇을 돌려주고 정답이 맞는지 확인합니다. 만약 정답이 틀렸다면 왜 틀렸는지 이야기해

주는 자리도 마련합니다.

> **행복한 김선생의 수업 톡!톡!**

● 포스트잇에 문제를 낼 때는 반드시 모둠별로 어떤 문제를 낼지 서로 의논해야 합니다. 그래야 중복되지 않게 보다 다양한 문제를 출제할 수 있습니다.

● 문제는 지엽적이고 단순하지 않게 내도록 독려합니다. OX 문제, 객관식, 주관식, 단답형, 초성 등 다양한 형태를 미리 안내해 준 뒤 골고루 섞어서 출제하게 하고, 핵심 단어나 키워드 중심으로 의미 있는 학습을 돕는 문제들을 낼 수 있도록 모둠을 돌아다니며 활동 상황을 체크해 주세요.

● 이 활동은 개인활동과 모둠활동이 적절히 혼합된 형태입니다. 문제를 만들고 푸는 개인활동에서는 모둠원의 도움을 받지 않고 스스로 해결할 수 있도록 충분한 시간을 부여해 줍니다.

25　복불복 문제 경매

단원을 정리할 때 활용하면 좋은 활동으로 모둠원이 힘을 합쳐 문제를 해결하는 구조입니다. 여기에 경매라는 흥미로운 놀이 요소가 결합되어 끝까지 재미를 잃지 않고 학습에 참여할 수 있도록 유도하지요. 사회, 과학처럼 암기를 자주 하는 교과에서 활용하면 좋습니다.

활동 순서

1. 수업 시작 전, 학생들이 해결할 문제를 만듭니다. 문제는 단원을 정리하는 내용으로 15개 정도가 적당합니다.
2. 문제에 맞게 정답지를 제작합니다. 정답지는 모둠 개수만큼 인쇄합니다.
   예) 15문제이고 여섯 모둠이라면 총 90개의 정답지를 인쇄하게 됩니다.
   인쇄한 정답지는 잘라서 무작위로 섞어 놓습니다.
3. 수업이 시작되면 문제지를 모둠당 한 장씩 나눠 줍니다. 정답지 또한 모둠별로 15장씩 무작위로 가져가게 합니다.
4. 모둠원이 힘을 합쳐 문제의 정답을 찾고 가져온 정답지를 정답 칸에 붙입니다. 이렇게 하다 보면 어떤 문제는 정답을 넘치게 가져오고, 어떤 문제는 아예 정답을 가져오지 못한 경우가 생기게 됩니다.
5. 정답지를 모두 붙이고 난 뒤에 복불복 문제 경매를 시작합니다. 우리 모둠에 없는 정답지는 경매에서 싸게 사 오고 우리 모둠에 남는

정답지는 경매를 통해 최대한 비싸게 팔아야 하는 것이 이 놀이의 핵심입니다.

6. 경매 방법은 총 세 가지를 돌아가며 활용합니다. 모든 모둠이 한 가지 방법을 한 번씩 진행하고 바꾸는 형식입니다.

경매 방법 ①	경매 방법 ②	경매 방법 ③
정답지를 사고 싶은 모둠이 보드판에 정답지 가격을 입찰합니다. 가장 높은 가격을 적은 모둠이 정답지를 가져갑니다.	정답지를 사고 싶은 모둠이 가격 경쟁을 합니다. 사고 싶은 가격을 부르고 끝까지 남은 모둠이 정답지를 가져갑니다.	정답지를 파는 모둠이 가격을 정해서 발표합니다. 그 가격에 정답지를 사고 싶은 모둠이 정답지를 가져갑니다.

7. 위와 같은 방법으로 복불복 경매를 진행하다가 정답지를 모두 모은 모둠이 전체 모둠의 절반 이상이 되면 경매를 그 즉시 종료하고 점수를 계산합니다.

['민주화' 관련 복불복 문제 경매] 4.19 혁명부터 오늘날까지	
문제	정답 (*정답지 붙이는 곳)
[사회 15쪽] 1960년 이승만 정권이 각종 부정한 행위로 승리한 '이 선거'를 칭하는 명칭은 무엇인가?	3.15 부정선거
[사회 16쪽] 이승만 정부에 대항하여 시위하던 중 경찰이 쏜 최루탄에 맞아 사망하고 마산 앞바다에서 발견된 '이 사람'은?	김주열
[사회 16쪽] 이승만 정부를 무너뜨리고 민주주의를 바로 세운 우리나라 최초의 민주화 혁명은?	4.19 혁명

[사회 18쪽] 1961년, 박정희가 혼란스러운 사회를 안정시킨다는 명목으로 군대를 동원해 정권을 잡은 사건은?	5.16 군사정변
[사회 18쪽] 1972년, 박정희가 자신의 영구 집권을 위해 대통령 횟수 제한을 없애고, 대통령 직선제를 간선제로 바꾼 '이 헌법'은?	유신헌법
[사회 19쪽&사회 공책] 1979년, 박정희가 측근인 김재규에게 암살당한 사건은?	10.26 사건
[사회 19쪽&사회 공책] 1979년, 전두환이 군대를 동원해 권력을 잡은 사건은?	12.12 군사 반란
[사회 20쪽] 1979년, 군사 정변을 일으킨 군인들은 '이것'을 전국적으로 확대하여 시위나 집회 활동을 금지하였다.	계엄령
[사회 20쪽] 전두환 정권에 대항하여 광주에서 일어난 민주화 운동으로, 우리나라 민주주의 역사 중 가장 중요한 사건으로 꼽는 '이것'은?	5.18 광주민주화 운동
[사회 26쪽] 1980년 6월, '박종철 고문 치사 사건'으로 촉발되어 대통령 직선제를 요구하며 전국적으로 확대된 '이 민주화 운동'은?	6월 항쟁
[사회 27쪽] 전두환 정권이 대통령 직선제를 포함해 국민의 모든 민주화 요구를 받아들이겠다고 발표한 '이 선언'은?	6.29 선언
[사회 29쪽] 선거권이 있는 모든 국민이 직접 대통령을 뽑는 제도로서 '간선제'와 반대되는 개념인 '이것'은?	직선제
[사회 30쪽] 지역의 일을 각 지역에서 스스로 결정하고 처리하고, 지역 주민이 지역을 대표하는 사람을 직접 선출하는 '이 제도'는?	지방자치제
[사회 31쪽] 시민들이 환경, 인권, 사회, 복지, 권익 향상 등을 위해 직접 결성한 단체를 일컫는 '이것'은?	시민단체
[사회 32쪽] 2000년대 이후 인터넷이 대중화되면서 국가나 사회 문제에 대해 사람들은 '이것'을 활용하여 의견을 제시한다.	SNS

8. 최종 점수 계산은 다음과 같이 합니다. (6모둠 기준)

완성 점수	1등(200점), 2등(170점), 3등(140점), 나머지(110점)
경매 점수	우리 모둠이 가지고 있는 돈(만원당 1점)

행복한 김선생의 수업 톡!톡!

● 경매를 진행할 때 각 모둠이 주고받은 돈의 액수를 칠판에 기록합니다. 모형 엽전이나 바둑알을 화폐로 삼아 직접 거래하게 해도 좋습니다. 다만, 실물을 활용해서 거래하면 재미는 더해지지만 이를 주고받는 시간이 걸리기 때문에 활동 시간이 다소 길어지는 경향이 있습니다.

● '복불복 문제 경매'는 문제를 사고파는 내내 끊임없이 개념을 복습하는 장점이 있어 재미와 긴장감이 끝까지 유지됩니다. 모둠원이 힘을 합쳐 정답을 찾기 때문에 상호 협력의 의미도 있을뿐더러 경매에서 얼마를 투자하고 얼마에 사 와야 합리적인지도 고민하는 과정에서 자연스러운 경제 교육도 가능합니다.

26. 잠자는 코끼리 놀이

단순하고 재밌는 모둠 협동학습놀이의 대표 격인 활동입니다. 모둠원이 서로 다른 정보를 얻은 뒤, 그 정보를 취합하여 일정한 답을 도출하는 구조로서 모둠 내 의사소통을 강화하고 개념을 정리하는 데 큰 효과를 거둘 수 있습니다.

활동 순서

1. 4인 1모둠으로 모둠을 구성합니다. 모둠원을 1번부터 4번까지 나눈 뒤, 모두 책상에 엎드립니다.
2. 1라운드가 시작되면 모둠 1번부터 고개를 들어 화면에 있는 정보를 확인합니다. 이와 같은 방식으로 모둠 2~4번도 차례로 고개를 들고 정보를 확인합니다.

예) 문제: 다음 중 다른 뜻으로 쓰인 동형어 또는 다의어를 찾으세요.

1번	2번	3번	4번
그 사람은 다리를 다쳐서 움직일 수 없대.	축구선수의 다리는 튼튼하다.	그곳에 가려면 그 다리를 건너야 해.	급할 때는 다리를 빨리 움직여야 해.

3. 모든 모둠원이 정보를 확인했다면 고개를 들고 의견을 교환합니다. 모둠원은 돌아가며 자신이 알고 있는 정보를 모둠원들에게 이야기하고 문제에 맞는 정답을 찾습니다.

4. 정답을 확인했다면 모둠 보드판에 정답을 적고 "하나, 둘, 셋" 구호와 함께 선생님이 볼 수 있도록 높이 듭니다. 정답을 맞힌 모둠은 1점을 얻습니다.
5. 위와 같은 방식으로 8~10번 문제를 진행하고 가장 높은 점수를 얻은 모둠이 승리합니다.

행복한 김선생의 수업 톡!톡!

- 정보를 확인하고 교환하는 과정에서 내가 얻은 정보를 잘못 전달하거나 잊어버릴 수 있습니다. 이런 경우 모둠원들에게 "사실 잊어버렸어. 남은 정보로 답을 찾아보자" 하고 확실하게 이야기하도록 안내합니다. 한 사람이 실수하더라도 나머지 세 사람만 정확히 정보를 확인한다면 충분히 정답을 맞힐 수 있기 때문입니다. 만약 틀리더라도 서로를 비난하지 않고 끝까지 협동심을 발휘할 수 있도록 미리 약속하는 것도 좋습니다.

- 모둠 인원이 홀수인 경우에는 한 사람이 두 번 정보를 보도록 합니다. 정보를 두 번 확인할 사람은 모둠원끼리 의논하여 결정합니다.

수업활동 ❹
가장 편한 수업 친구, 포스트잇

교실에서 가장 편하게 활용할 수 있는 교구를 하나만 딱 말해 보라 한다면 이 세상 거의 모든 선생님들이 아마 '포스트잇'을 첫손에 꼽지 않을까 싶습니다. 그만큼 각자의 의견을 모으고 공유하는 고유의 기능뿐 아니라 다양한 수업활동에 자유자재로 응용 가능한 가장 편한 교구이기 때문입니다. 최근에는 정말 다양한 디자인의 포스트잇이 무궁무진하게 쏟아져 나와서 수업을 더욱 풍성하게 만들어 주고 있지요.

지금부터 별다른 준비 없이 기본 포스트잇 하나만 있어도 할 수 있는 아홉 가지 수업활동을 소개합니다. 앞서 안내한 토의·토론수업 및 질문 주고받기의 포스트잇 활동들과 융합하여 활용하면 알차고 충분한 수업활동을 구성할 수 있을 것입니다. 그럼 어떤 활동들이 있는지 같이 살펴볼까요?

27 대신 전해 드립니다

포스트잇의 고유한 기능은 자신의 생각을 적고 다른 사람들과 공유하는 데 있지요. 이러한 기능을 잘 살린 활동이 바로 '대신 전해 드립니다'입니다. 특히 이 활동은 국어, 도덕, 사회, 과학 등 여러 수업에서 쉽고 편하게 적용할 수 있어 활용도가 매우 높기도 합니다. 여기에서는 동명의 그림책 수업과 연계하여 활동 방법을 소개하도록 하겠습니다.

활동 순서

1. 학생들과 함께 요시다 류타가 쓰고 그린 그림책『대신 전해 드립니다』(고향옥 옮김, 키다리, 2021)를 읽습니다.

'수호'는 단짝인 '하나'와 의도치 않게 다투게 된다. 미안하다고 사과하고 싶지만 그럴 용기가 나지 않는 수호 앞에 말풍선 '동동이'가 나타난다. 동동이는 누구에게든 가까이 다가가면 속마음을 털어놓게 하는 신비한 능력을 가진 친구다. 수호는 동동이와 함께 동네를 돌아다니며 여러 물건의 속마음도 듣고 마지막엔 사과를 하고 싶어 하는 하나와 마주치게 된다. 동동이의 도움을 받아 수호는 하나에게 진심 어린 사과의 한마디를 건넨다.

2. 그림책을 읽고 난 뒤에 각자 말풍선 '동동이'가 되어 '대신 전해 드립니다' 활동을 시작합니다. 먼저 교실 속 물건들 중 하나를 선택합니다. 그 물건이 하고 싶은 말이 무엇일지 곰곰이 생각해 보고 포

스트잇에 적어 물건에 붙입니다.

예) 연필 / 제발 나를 땅바닥에 떨어뜨리지 말아 줘. 너희가 나를 못 찾으면 나는 너무 외로워.

3. 친구들이 붙인 포스트잇을 살펴보고 이야기를 나눕니다. 인상 깊은 말풍선이 있다면 골라서 발표합니다.
4. 위와 같은 방식으로 다양한 수업에 적용하여 운영합니다.

행복한 김선생의 수업 톡톡!

● 국어 교과에서 '조언하기' 시간에 활용하면 좋습니다. 활동 순서는 다음과 같습니다.
　1. 각자 포스트잇에 고민을 써서 교실 곳곳에 붙입니다.
　2. 학생들은 돌아다니며 고민을 읽고, 그 고민에 어울리는 조언을 포스트잇에 적어 붙입니다.
　3. '대신 전해 드립니다' 활동에 맞게 고민이 있는 친구가 해야 하는 말이나 혹은 할 수 있는 말을 붙여 주도록 합니다.

● 그림책을 읽고, 등장인물의 마음을 들여다볼 때도 활용해 보세요. 작품을 깊이 이해하는 데 큰 도움이 됩니다.

그림책 『사냥을 싫어하는 사냥개 구스』 (티토 알바 글·그림, 김윤정 옮김, 머스트비, 2022)를 보고 아이들이 대신 이야기한 캐릭터들의 속마음.

- 문화유산 훼손 사례와 문화유산을 소중히 하는 태도, 문화유산이 품은 가치를 배우는 수업에서도 활용해 보세요. 활동 순서는 다음과 같습니다.
  1. 훼손된 문화유산 사진을 A4로 인쇄해서 모둠 수만큼 칠판에 붙여 둡니다.
  2. 『대신 전해드립니다』의 말풍선이 되어 훼손된 문화유산이 어떤 말을 하고 싶을지 생각해 봅니다. 포스트잇에 말을 쓰고 칠판에 붙입니다.
  3. 모두 포스트잇을 붙였다면 어떤 말을 대신 전했는지 함께 읽어 봅니다.

- 이 외에도 과학 시간에 동식물 관련 환경교육을 진행할 때, 국어 시간에 등장인물의 속마음을 살펴볼 때, 미술 시간에 그림 속 인물들의 마음을 들여다보며 작품을 감상할 때, 진로 시간에 각 직업인을 살펴볼 때 등 다양한 수업에서 무궁무진하게 변형 적용할 수 있습니다.

- 기본 정사각형 포스트잇을 사용해도 되지만 말풍선 모양 포스트잇을 사용하면 훨씬 더 좋습니다. 자주 활용하는 활동이므로 학년 초 미리 충분하게 구매해 두는 것을 추천합니다.

28 포스트잇 그림 나눔

앞서 소개한 '대신 전해 드립니다'가 글로 생각과 마음을 드러내는 활동이라면, 지금 소개하는 '포스트잇 그림 나눔'은 이름 그대로 그림으로 서로의 생각을 확인하는 활동입니다. 생각의 변화 정도를 시각화하여 직관적으로 확인하기에도 좋습니다. 주로 국어 교과서의 긴 지문을 읽으면서 등장인물의 심리 변화를 살피거나 그림책 및 온책읽기 수업에서 활용합니다. 여기에서는 이해를 돕기 위해 동화 『우주 호텔』 수업과 연계해 활동 방법을 소개하겠습니다.

활동 순서

1. 학생들과 함께 『우주 호텔』(유순희 글, 오승민 그림, 해와나무, 2012)을 읽습니다.

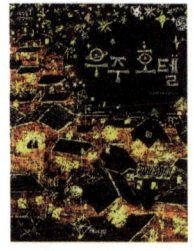

하루하루 폐지를 주우며 겨우 살아가는 '종이 할머니'는 삶의 낙이 없다. 매일 땅을 보고 폐지를 주우며 생이 끝나기만을 기다린다. 그러던 어느 날, '메이'라는 아이가 다가와 종이 할머니에게 말을 걸며 스케치북을 건넨다. 종이 할머니는 메이가 그린 스케치북 속 우주 호텔을 보고 한동안 보지 않았던 하늘을 바라본다. 종이 할머니는 눈에 혹이 난 할머니와 어울리며 다시 삶의 희망을 찾아간다.

2. 종이 할머니가 우주 호텔을 보기 전까지 글을 읽고 나서, 종이 할머

니의 평소 표정을 포스트잇에 그립니다. 모둠원끼리 왜 이런 표정을 그렸는지 이야기 나누고 칠판에 붙입니다.
3. 종이 할머니가 우주 호텔을 보고 난 후, 할머니의 표정이 어떻게 바뀌었을지 상상하여 포스트잇에 그립니다. 다시 한번 모둠원끼리 표정에 대해 이야기 나누고 그 결과물을 칠판에 붙입니다.
4. 종이 할머니의 표정이 어떻게 바뀌었는지 함께 확인합니다. 왜 이렇게 표정이 변화했는지 전체 학생들과 이야기 나눠 봅니다.

행복한 김선생의 수업 톡!톡!

● 이 활동은 등장인물의 심리 변화가 극적으로 변화하는 작품을 읽을 때 활용하면 좋습니다. 머릿속으로 생각만 하던 이미지를 포스트잇에 직접 표현함으로써 등장인물의 마음을 보다 구체적이고 확실하게 이해할 수 있기 때문입니다.

● 포스트잇에 그림을 그릴 때는 굵은 네임펜이나 사인펜을 사용해 포스트잇이 꽉 찰 만큼 크게 그리게 합니다. 그래야 교실 뒤에 앉아 있는 친구들도 그림 속 표정이 어떤지 확실히 확인할 수 있기 때문입니다.

● 표정을 그릴 때 굳이 그림을 잘 그리지 않아도 된다고 미리 안내해 주세요. 미술 시간이 아니기 때문에 어떤 감정을 담은 표정인지만 확실히 드러나면 됩니다. 처음부터 아예 얼굴은 빼고 눈, 코, 입만으로 표정을 나타내자고 약속해도 좋습니다.

29 포스트잇 SNS 만들기

'대신 전해 드립니다'와 '포스트잇 그림 나눔'을 융합한 활동이 바로 '포스트잇 SNS 만들기'입니다. 글과 그림을 모두 활용하는 동시에 자신의 생각을 깊이 드러낼 수 있는 활동이지요. 다만 이 활동은 앞서 소개한 활동들과 달리 시간을 충분히 제공해야 의미 있는 결과물을 얻을 수 있습니다. 여유로운 수업 운영이 가능할 때 활용하세요.

활동 순서

1. '포스트잇 SNS 만들기'는 특정 포스트잇을 미리 구매해 두는 것이 좋습니다. 학토재(happyedumall.com)의 '올스타그램' 포스트잇이나 아이스크림몰(i-screammall.co.kr)의 '독서 활동 점착 메모지(SNS)'를 활용하세요. 두 포스트잇의 특징은 아래와 같습니다.

학토재 '올스타그램'	아이스크림몰 '독서 활동 점착 메모지(SNS)'
- 크기가 커서 고학년에게 추천 - 실제 SNS 디자인과 거의 흡사하여 학생들의 흥미 자극	- 크기가 작아 저학년 및 중학년에게 추천 - 독후 활동에 최적화된 포스트잇 - 활동 시간이 학토재 포스트잇에 비해 다소 적게 걸림

2. 글을 읽고 각자 등장인물을 한 명씩 고릅니다. 등장인물이 만약 SNS를 운영한다면 SNS에 어떤 글과 사진을 남길지 고민하고 포스트잇에 표현합니다.

3. 갤러리 워크(267쪽 참고)나 온라인 전시회(273쪽 참고)를 통해 서로가 만든 SNS를 확인합니다. 같은 등장인물을 고른 친구들의 SNS를 비교하며 공통점과 차이점도 비교해 봅니다.
4. 학생들의 추천을 가장 많이 받은 SNS를 골라서 작품을 만든 사람의 설명을 들어 봅니다.

행복한 김선생의 수업 톡!톡!

● 국어 시간에 글을 읽고 난 뒤 등장인물의 마음을 표현할 때나 그림책 및 온책읽기 수업에서 주로 활용하는 활동입니다. 미술 시간에 같은 미술 사조의 화가들 작품을 감상하고 난 뒤, 화가의 특징을 담은 SNS를 만들어 봐도 좋습니다. 같은 방법으로 음악 감상 후 음악가의 SNS를 만들 수도 있습니다.

● 활동 시간을 충분히 제공하고 그림과 글의 수준을 높일 수 있도록 독려해 주세요. 그림은 SNS을 통해 전달하고 싶은 메시지를 이미지로 시각화한 것이기 때문에 특히 더 많은 신경을 쓰게 합니다. SNS는 긴 글보다 핵심을 담은 태그로 자기 의견을 표현하는 경우가 많지요. 학생들에게도 SNS 글을 쓸 때 핵심 키워드를 넣은 태그로 센스 있게 생각을 드러내면 좋다고 미리 안내해 주세요.

30 포스트잇 테마틱

'포스트잇 테마틱'은 보드게임 '테마틱'의 규칙을 적용했습니다. 배경지식을 확인하거나 핵심 개념을 도출할 때, 수업 시작 전 분위기를 끌어올리거나 단원 정리 시 복습을 하며 유용하게 활용할 수 있지요. 특히 보드게임을 구매하지 않아도 포스트잇만으로 간단하게 진행할 수 있다는 점에서 매우 매력적인 활동입니다.

활동 순서

1. 노란색 포스트잇을 모둠당 14장씩 줍니다. 여기에 ㄱ~ㅎ 자음자를 쓰도록 합니다. 노란색 포스트잇은 자음 카드가 됩니다.
2. 빨간색 포스트잇을 모둠당 20장씩 나눠 줍니다. 여기에는 숫자 1, 2, 3, 4를 한 세트로 적어 총 다섯 세트를 만듭니다. 빨간색 포스트잇은 점수 카드가 됩니다.
3. 포스트잇 제작이 끝나면 게임을 시작합니다. 아래와 같이 먼저 자음 다섯 개를 무작위로 뽑아 세로로 한 줄로 배치합니다. 자음 오른쪽에는 점수 카드를 1점부터 4점까지 순서대로 배치합니다.

ㄱ	1	2	3	4
ㄷ	1	2	3	4
ㄹ	1	2	3	4
ㅇ	1	2	3	4
ㅈ	1	2	3	4

4. 세팅이 끝났다면 게임을 시작합니다. 선생님이 주제어를 하나 제시합니다. 학생들은 선생님의 주제어를 듣고 바닥에 깔린 자음으로 시작하는 관련 단어를 이야기하면서 해당 자음에 있는 가장 높은 점수 카드부터 가져갑니다.

예) 주제어가 "세계 도시"라면 'ㅅ'에서 "서울!", 'ㄹ'에서 "로마!" 등을 말하면서 점수 카드를 얻습니다. 점수 카드는 가장 높은 4점짜리부터 먼저 가져가고, 점수 카드를 들고 간 뒤에도 단어가 계속 생각이 난다면 연달아 말하면서 그다음 높은 점수 카드를 들고 가면 됩니다. 따로 정해진 발언 순서가 없기 때문에 답을 먼저 생각해 낸 사람이 계속 카드를 가져갈 수 있습니다.

5. 한 줄의 점수 카드가 모두 없어지면 라운드가 종료됩니다. 이렇게 각자 가져간 점수를 더해서 1라운드 총점을 계산합니다.

6. 새로운 라운드를 시작할 때는 점수 카드를 돌려 놓고 자음도 교체합니다. 제한 시간이 끝났거나 3~5라운드를 돌렸을 때 가장 많은 점수를 획득한 학생이 우승하게 됩니다.

행복한 김선생의 수업 톡!톡!

● 이 놀이는 생각나는 대로 점수를 가져가게 되기 때문에 경쟁이 과열되는 경우가 있습니다. 경쟁이 너무 지나쳐서 서로 감정이 상해서는 안 된다는 점을 주지시키고 친구를 배려하고 존중하는 태도를 강조해 주세요.

● 경쟁이 과열되어 분위기가 상하는 것이 걱정된다면 아예 순서대로 단어를 말하고 점수를 말하는 방법으로 규칙을 바꿔도 좋습니다. 이때 한 사람당 단어를 말할 수 있는 시간은 2초로 제한합니다. 이렇게 순서를 정해 주면 과열되는 분위기를 진정시키면서 보다 정돈된 형태로 수업을 진행할 수 있습니다.

31 포스트잇 글자 재배치

마구잡이로 흩어져 있는 글자들을 재배치해서 하나의 완성된 문장을 만들어 내는 활동입니다. 속담, 관용어, 영어 단어 등을 공부할 때 아주 유용하게 활용할 수 있습니다. 여기에서는 이해를 돕기 위해 속담 수업을 예로 들어 설명하겠습니다.

활동 순서

1. 모둠별로 포스트잇을 한 세트씩 나눠 줍니다. 모둠원끼리 의논해서 마음에 드는 속담 하나를 선택하고 선생님께 조용히 말합니다. 선생님은 각 모둠이 어떤 속담을 선택했는지 미리 확인합니다.
2. 속담을 포스트잇에 한 글자씩 적습니다. 예를 들어, '하나를 보면 열을 안다'라면 '하, 나, 를, 보, 면, 열, 을, 안, 다'를 한 장에 한 글자씩 쓰면 됩니다.

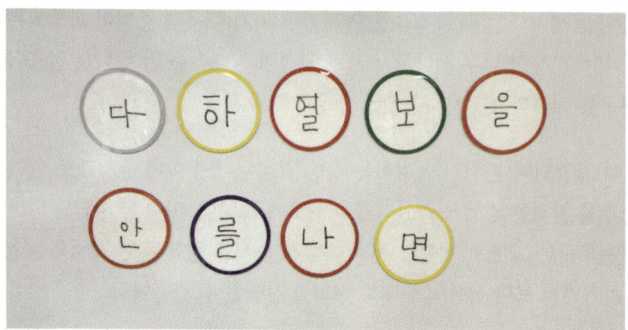

글자를 재배치할 때에는 원 문장을 쉽게 유추할 수 없도록 신경 씁니다.

3. 글자들을 모둠 책상에 흩어 놓고 뒤죽박죽으로 배치합니다.
4. 시계 방향으로 모둠끼리 자리를 바꿔 앉습니다. 각 모둠에 보드판과 마커를 나눠 줍니다. 제한 시간 2분 동안 다른 모둠이 쓴 문장을 재배치해서 속담을 완성합니다.
5. 완성했다면 보드판에 문장을 써서 선생님께 확인을 받습니다. 제한 시간 안에 재배치에 성공했다면 모둠 점수 10점을 얻습니다.
6. 제한 시간이 끝나면 다시 한번 글자를 재배치합니다. 그러고서 위와 같은 방법으로 다른 모둠으로 이동해 글자를 배치해 속담을 완성합니다.
7. 모든 라운드가 끝나고 가장 높은 점수를 얻은 모둠이 승리합니다.

행복한 김선생의 수업 톡!톡!

● 정답을 완성했다면 다른 모둠이 보지 못하게 정답을 쓰고 재빨리 선생님께 확인받도록 합니다. 다른 모둠이 정답을 보는 경우 게임의 재미가 떨어질 수 있기 때문에 최대한 보안을 철저히 하는 것이 좋습니다.

● 글자를 여러 번 재배치하기 때문에 포스트잇을 구기거나 훼손하지 않도록 유의해야 합니다. 실수로 포스트잇을 훼손했다면 선생님께 이야기하고 똑같은 글자로 복구해 놓아야 함을 미리 안내해 주세요.

32. 포스트잇 '내가 누구게?'

주로 암기 과목에서 핵심 개념을 정리하거나 배경지식을 확인할 때 좋은 활동입니다. 질문 놀이로 변형하여 적용해도 괜찮습니다. 끊임없이 질문을 주고받고 그 안에서 정답을 찾아 나가야 하기 때문에 모둠 내 의사소통 능력, 추론 능력 등을 기르는 데도 도움이 됩니다.

활동 순서

1. 모둠원끼리 각자 포스트잇을 한 장씩 가져가서 선생님이 말하는 주제에 어울리는 단어를 씁니다. 이때, 다른 모둠원들이 보지 못하게 몰래 써야 합니다.
   예) 과학 시간에 동물에 대해 공부하고 난 뒤 "이번 주제는 땅에 사는 동물입니다"라고 주제를 준다면 강아지, 고양이, 돼지 등을 쓰면 됩니다.
2. 모든 모둠원이 다 썼다면 "하나, 둘, 셋" 구호와 함께 포스트잇을 시계 방향에 있는 친구 이마에 붙입니다. 이때 그 친구는 포스트잇을 보지 못하게 해야 합니다.
3. 차례로 돌아가며 친구들에게 질문을 해서 포스트잇에 적힌 '나'가 누군지 맞혀 봅니다. "나는 발이 네 개인가요?" "나는 사람들과 집에서 사나요?" "나는 사람들이 먹기도 하나요?" 등 주제에 맞는 질문을 합니다.
4. 이렇게 질문을 나누면서 3분 안에 자기 이마에 붙은 대상의 정체

를 알았다면 "정답!"이라고 외치고 자기 정체를 이야기합니다. 정답이라면 10점의 점수를 얻습니다. 오답이라면 다시 질문을 하고 정답을 추론합니다. 활동 시간은 학습 상황과 학습자 수준에 따라 적절히 변형하여 적용합니다.

5. 위와 같은 방식으로 3~4라운드를 진행해 가장 많은 점수를 얻은 모둠원이 승리합니다.

행복한 김선생의 수업 톡!톡!

● 인디언 카드 게임 규칙을 적용해 모둠 협동 게임으로 운영해도 좋습니다. 활동 순서는 아래와 같습니다.

1. 모둠별로 주제에 어울리는 단어 포스트잇을 12장 만들고, 뒷면으로 돌려 옆 모둠과 바꿉니다.
2. 옆 모둠에서 받은 포스트잇을 책상 가운데에 놓습니다. 1번 모둠원부터 맨 위에 있는 포스트잇 한 장을 뽑아 이마에 붙입니다. 이때 붙이는 사람은 자기 포스트잇을 보지 않도록 주의합니다.
3. 다른 모둠원은 그 단어가 무엇인지 설명합니다. 만약 뽑은 포스트잇에 "소"라고 쓰여 있다면 "우유를 만드는 동물이야!" "음메~ 하고 울어!" 등으로 이야기하면 됩니다.
4. 모둠원이 12장을 돌아가며 모두 맞혔다면 "만세!" 하고 외칩니다.
5. 가장 빨리 모든 포스트잇의 정체를 밝힌 모둠이 우승합니다.

● 이마에 포스트잇을 붙이는 경우 포스트잇의 접착력이 떨어질 가능성이 높습니다. 이마에 붙이고 난 뒤에는 손으로 잡고서 활동하게 해 주세요.

33 포스트잇 정답 찾기

'포스트잇 정답 찾기'는 문제 포스트잇과 정답 포스트잇의 짝을 맞추는 활동입니다. 학생 스스로 공부한 내용을 복습하고 문제를 내기 때문에 수업을 정리하거나 단원을 마무리 할 때 활용하면 좋습니다. 시간이 적게 걸리는 반면, 정답을 즉각적으로 확인할 수 있어 어느 교과든 간단하게 적용할 수 있습니다.

활동 순서

1. 학생 개인별로 노란색 포스트잇 한 장, 빨간색 포스트잇 한 장을 나눠 줍니다. 학생은 오른쪽 귀퉁이에 이름을 적습니다.
   (* 포스트잇 수는 학생 수에 따라 조절합니다.)
2. 노란색 포스트잇에는 오늘 공부한 내용에 관한 문제를, 빨간색 포스트잇에는 그 문제의 정답을 적습니다. 또는 노란색 포스트잇에는 핵심 개념을, 빨간색 포스트잇에는 핵심 개념에 관한 설명을 적어도 좋습니다.
3. 모두 문제를 냈다면 포스트잇을 교실 곳곳에 붙여 놓습니다. 단, 이 활동은 보물찾기가 아니기 때문에 안 보이는 곳에 꽁꽁 숨겨 두거나 구기지 않기로 미리 약속합니다.
4. 모두 포스트잇을 붙였다면 모둠별로 힘을 합쳐 포스트잇 정답 찾기를 진행합니다. 각자 문제 포스트잇 하나, 정답 포스트잇 하나를

매칭해 짝을 찾습니다.
5. 한 쌍의 포스트잇을 찾았다면 포스트잇에 이름이 적힌 출제자에게 가서 두 짝이 맞는지 확인을 받습니다.
6. 만약 한 쌍의 포스트잇이 바른 짝이라면 칠판에 있는 자기 모둠 번호 아래에 붙여 놓습니다, 한 쌍이 아니라면 원래 자리로 가져다 둡니다.
7. 제한 시간 5분 동안 가장 많은 포스트잇 짝을 모은 모둠이 승리하게 됩니다.

행복한 김선생의 수업 톡!톡!

● 한 쌍의 짝을 찾을 때는 내가 낸 문제와 답, 우리 모둠원이 낸 문제와 답은 가져오지 않습니다. 반드시 다른 모둠의 친구가 낸 문제와 답을 가져와야 합니다. 그렇지 않으면 모둠끼리 담합하여 정답 찾기의 결과가 왜곡되는 일이 발생하기 때문입니다.

● 보이는 대로 포스트잇을 다 떼고 난 뒤 짝을 찾아가는 학생이 있을 수 있습니다. 이런 일이 벌어지지 않도록 포스트잇 한 장을 떼었다면 짝을 찾을 때까지는 절대 짝이 아닌 다른 포스트잇은 떼지 않도록 미리 약속합니다. 그래야 한 장씩 포스트잇을 들고 다니면서 원활하게 짝을 찾을 수 있습니다.

34 포스트잇 문제 쇼핑몰

이름 그대로 내가 낸 문제를 친구에게 팔고, 다른 친구가 낸 문제를 사오면서 점수를 쌓아 가는 활동입니다. 수업 중, 수업 후, 단원 정리, 어떤 단계에서든 활용 가능하며 다양한 교과에 적용할 수 있습니다. 문제를 사고파는 행위 자체가 학생들의 흥미를 자극하고 학습 동기를 높이는 반면, 문제를 내고 답을 맞히는 과정에 꽤 많은 시간이 소요되므로 수업 시간을 충분히 확보했을 경우 적용하는 것을 추천합니다.

활동 순서

1. 학생 개개인에게 A4 용지 한 장과 포스트잇 여섯 장을 나눠 줍니다. A4 용지는 문제판 역할을 합니다.
2. 포스트잇을 두 장씩 세 줄로 붙입니다. 포스트잇 오른쪽 위 귀퉁이에 자기 이름을 쓰고, 앞쪽에 각각 +30점, +20점, +10점이라고 문제 점수를 적습니다.
3. 포스트잇 뒷면(접착면)에 앞면의 점수와 합당한 난이도의 문제를 냅니다. 점수가 적을수록 문제도 단순하고 쉬워야 합니다.
4. 모두 문제를 출제했다면 문제판을 들고 자리에서 일어납니다. 교실을 자유롭게 돌아다니면서 문제 쇼핑을 시작합니다.
5. 친구와 만나서 하이파이브 후, 가위바위보를 합니다. 이긴 사람이 퀴즈에 도전할 기회를 얻습니다. 도전 기회를 획득하면, 친구의 포

스트잇 점수를 살펴보고 문제를 선택합니다.
6. 진 사람이 해당 문제를 출제합니다. 이긴 사람이 문제의 정답을 맞혔다면 포스트잇을 가져가서 자신의 문제판 뒤에 붙입니다. 맞히지 못했다면 그대로 헤어집니다.
7. 제한 시간 동안 서로의 문제를 풀고 맞히면서 가장 많은 점수를 모은 친구가 승리하게 됩니다.

행복한 김선생의 수업 톡!톡!

- 포스트잇을 아홉 장 활용하고 이 중 두세 장은 앞면의 점수와 관계없이 뒷면에 "꽝"을 쓰거나 재밌는 미션을 수행해 점수를 받도록 하면 복불복 요소를 강화할 수 있어 활동이 더욱 재미있어집니다. 단, 활동이 소란스러워질 수 있으니 조심해서 사용하도록 합니다.

- 문제를 한 번 틀렸다면 바로 재도전하지 못합니다. 최소 한 명 이상의 친구를 다시 만나고 온 뒤, 새롭게 도전하기로 약속합니다. 문제를 맞힐 때는 교과서 등을 참고할 수 없으나 문제를 맞히지 않고 돌아다닐 때는 교과서를 보며 정답을 찾아도 무방합니다.

35 포스트잇 부루마불

보드게임 '부루마불'의 게임 방식을 적용했습니다. 반복해서 문제를 풀며 핵심 개념을 이해할 수 있고, 게임 요소가 적용되어 끝까지 긴장감과 흥미를 놓치지 않게 도와줍니다. 어떤 교과든지 쉽게 활용할 수 있는 것 역시 큰 장점입니다.

활동 순서

1. 4인 1모둠 기준으로 모둠원이 각자 노란색 포스트잇 세 장과 빨간색 포스트잇 한 장을 나눠 갖습니다.
2. 포스트잇 오른쪽 위 귀퉁이에 자기 이름을 쓴 다음, 그동안 공부한 내용을 쭉 살펴보며 노란색 포스트잇 세 장에 문제를 출제합니다.
3. 빨간색 포스트잇에는 여러 가지 미션들을 씁니다. "뒤로 세 칸" "선생님께 가서 '사랑해요' 귓속말 하고 오기" 등 서로 기분 상하지 않고 재밌는 미션이라면 무엇이든 좋습니다.
4. 포스트잇에 문제와 미션을 모두 썼다면 아래와 같이 부루마불 판을 만들고 게임을 시작합니다.
5. 각자의 말은 지우개 등 자기 물건 중 아무거나 사용해도 무방합니다. 주사위를 던져 해당 숫자만큼 칸을 이동하고 도착한 곳의 문제를 읽은 뒤 10초 안에 대답합니다.
6. 대답을 했다면 출제자가 정답을 확인해 줍니다. 정답일 경우 그 자

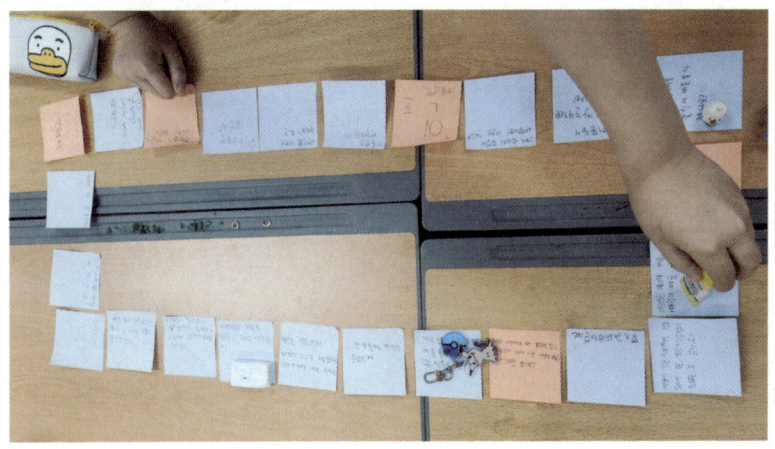

포스트잇만 있으면 간단하고 손쉽게 부루마불 판을 만들 수 있답니다.

리에 머물 수 있습니다. 만약 10초 안에 대답하지 못했거나 답이 틀렸다면 원래 자리로 돌아갑니다.

7. 위와 같은 방식으로 모둠원이 돌아가면서 라운드를 진행합니다. 제한 시간 동안 가장 많은 바퀴를 돈 사람이 승리하게 됩니다.

행복한 김선생의 수업 톡!톡!

- 문제를 낼 때는 지엽적이지 않고 핵심 개념을 확인할 수 있는 내용으로 준비합니다. 문제를 포스트잇에 쓸 때에는 누가 봐도 쉽게 확인할 수 있게 되도록 큰 글씨로 또박또박 쓰는 것이 좋습니다.

- 포스트잇 부루마불은 학생들에게 익숙한 보드게임의 규칙을 적용해서 별다른 설명을 하지 않아도 학생들이 즐겁게 진행할 수 있는 활동입니다. 여러 번 같은 문제를 반복해 풀면서 수업을 더 깊이 이해하게 되니 다양한 교과에 자주 적용해 보세요.

수업활동 ❺
생각을 이끌어 내는 슬기로운 교구 활용

매일 선생님이 풍성한 자료와 재밌는 활동들로 가득한 수업을 완벽하게 준비할 수는 없습니다. 때로는 맨손 수업을 하기도 하고, 때로는 학생들의 대화로 수업의 실마리를 풀어 가기도 하죠. 이럴 때 적극적으로 활용하면 좋은 것이 바로 다양한 수업 교구들입니다. 단순한 활동이라도 교구를 적용하면 학생들의 흥미를 끌어내기 쉬울뿐더러, 결과물도 훌륭하게 도출되는 경우가 많거든요. 또한 교구들이 가진 나름의 특성이 학생의 생각과 감정을 충분히 자극하기 때문에 그것만으로도 성공적인 수업의 단초가 되는 경우도 있죠. 이번에는 어떤 교실이든 하나쯤 있다는 교구인 '이미지 카드'와 '감정 카드'를 비롯해 '직업 카드'와 '씽킹보드'까지, 거창하지 않지만 누구나 쉽게 사용할 수 있는 교구들을 효과적으로 활용하는 방법을 소개하도록 하겠습니다.

36 이미지 카드 ①: 경험과 감정 연결하기

누가 저한테 세상의 수많은 교구 중 딱 한 가지만 교실에 둘 수 있을 때 무엇을 선택하겠느냐고 묻는다면 저는 1초도 주저하지 않고 "이미지 카드요!"라고 대답할 겁니다. 그만큼 이미지 카드는 다양한 교과와 활동에 찰떡같이 활용할 수 있는 교구이기 때문이지요. 시중에 나와 있는 다양한 이미지 카드는 저마다의 색깔과 개성을 자랑하고 있기에 선생님들의 성향과 학생들의 수준에 맞춰 구매하면 되는데요. 저는 그중에서 '도란도란 스토리텔링 카드'를 활용한 활동 몇 가지를 이야기하고자 합니다.

　이미지 카드의 가장 큰 장점은 학생의 생각이나 감정을 풍부하게 이끌어 낼 수 있다는 것입니다. 단순하게 경험과 감정을 이야기하는 활동일지라도 이미지 카드를 활용하면 학생들의 대답이 완전히 달라집니다. 그만큼 수업의 질도 올라가게 되고요.

활동 순서

1. 모둠별로 이미지 카드와 포스트잇을 나눠 줍니다.
2. 수업 내용에 대한 나의 경험이나 감정을 생각해 보고, 그 감정이나 경험에 가장 어울리는 이미지 카드를 선택합니다.
3. 포스트잇에 경험과 감정을 정리하여 쓰고, 이미지 카드 밑에 붙입니다.

이미지 카드를 사용해 아이들이 진솔한 경험과 감정을 정리했습니다.

4. 모둠원끼리 돌아가며 자기가 고른 카드를 놓고 이야기를 나눕니다.
5. 모두 이야기를 마쳤다면 칠판에 이미지 카드와 포스트잇을 부착합니다.
6. 학생들이 고른 이미지 카드를 선생님이 살펴보고, 궁금하거나 특이한 이미지가 있다면 이야기를 들어 봅니다.

* 활용사례(1)

온책 읽고 인상 깊은 장면 선택하기
동화 『불량한 자전거 여행』(김남중 글, 허태준 그림, 창비, 2009)

나도 이 책의 주인공 호진이처럼 자전거를 타고 전국을 돌아다녀 보고 싶다. 힘들고 어렵겠지만 그래도 웃을 일이 더 많을 것 같다.

＊활용사례(2)

온책 읽고 느낀 감정 표현하기
그림책 『강물 저편은 차고 깊다』(교고쿠 나츠히코 글, 마치다 나오코 그림, 히가시 마사오 엮음, 김수정 옮김, 필무렵, 2021)

그림책이 이렇게 무서워도 되는 겁니까! 괜히 물귀신이 나를 잡아갈 것 같아서 좀 공포스러웠다. 물 조심 해야겠다.

＊활용사례(3)

나의 경험 이야기하기
'방학 때 했던 일 중 가장 기억에 남는 일'

우리 집에서 애들이랑 파자마 파티 했을 때가 가장 기억에 많이 남는다. 치킨도 시켜 먹고, 수다도 떨고, 같이 유튜브도 봐서 진짜 행복했다.

행복한 김선생의 수업 톡!톡!

● 이미지 카드는 '도란도란 스토리텔링 카드' 세트를 기준으로 모둠수의 절반 정도를 구비해 두면 좋습니다. 6인 모둠이라고 했을 때, 3세트 정도 학급에 두고 활용하면 원활한 모둠활동 및 전체 발표가 가능합니다.

● '도란도란 스토리텔링 카드'의 경우 스티커를 구매할 수도 있습니다. 스티커는 크기가 작고 포스트잇에 붙인 뒤 글을 쓰기도 좋은 형태라 학년 초에 충분히 준비해 두기를 추천합니다. 다양한 교과와 활동에서 적재적소에 활용하기 쉽습니다.

● 이미지 카드 스캔 후, 패들렛이나 띵커벨보드 같은 온라인 도구와 연계하여 활용해 보세요. 서로의 의견을 확인하고 공유하기가 훨씬 쉬워질 뿐만 아니라 다양한 이미지 카드에 의견을 남길 수 있어 수업을 역동적으로 이끌어 갈 수 있습니다.

이미지 카드를 패들렛과 함께 활용한 화면.

37 이미지 카드 ②: 교실살이에 활용하기

이미지 카드는 꼭 수업에만 적용하는 교구는 아닙니다. 학급의 일상적인 교실살이뿐 아니라 진로 교육, 인성 교육 등 여러 가지 계기교육에서도 자유자재로 적용이 가능하죠. 몇 가지 사례를 통해 이미지 카드를 적극적으로 활용하는 방법들을 안내합니다.

* 활용사례(1): 나는 이런 사람이야!(자기소개)

활동 순서

1. 모둠별로 이미지 카드와 포스트잇을 나눠 줍니다.
2. 이미지 카드를 쭉 펼쳐 놓고 그중에서 각자 마음에 드는 카드 다섯 장을 고릅니다.
3. 내가 가져온 카드 다섯 장 중 세 장을 선택합니다.
4. 내가 고른 카드 세 장으로 나를 설명하는 글을 포스트잇에 써 붙입니다.
5. 모둠원끼리 돌아가며 내가 고른 카드를 보여 주면서 자기소개를 합니다.
6. 모둠원과 공유가 끝났다면 자리에서 일어나서 다른 친구들을 만납니다. 각자 카드를 가지고 교실을 돌아다니다가 친구와 눈이 마주치면 하이파이브를 합니다. 카드를 보여 주며 나를 설명합니다. 서로 자기소개가 끝났다면 "너의 이야기를 들려 줘서 고마워"라고

말하고 헤어집니다.
7. 제한 시간 동안 최대한 많은 친구들을 만나면서 자기소개를 합니다.

* 활용사례(2): 우리는 이런 학급 임원을 원해![학급 임원 선거]

활동 순서

1. 모둠별로 이미지 카드를 나눠 줍니다.
2. 우리 반 학급 임원이 갖춰야 하는 덕목을 생각하고, 그 덕목과 가장 어울리는 이미지 카드를 고릅니다.
3. 모둠원끼리 자신이 고른 이미지 카드와 덕목에 대해 이야기합니다. 그중에서 우리 모둠이 고른 대표 덕목을 고릅니다.
4. 모둠별로 자신들이 고른 이미지 카드를 친구들에게 보여 주고 대표 덕목들을 발표합니다. 선생님은 학생들이 발표한 덕목을 칠판에 정리하고, 이미지 카드를 칠판에 붙인 뒤 함께 이야기 나눕니다.
5. 위 활동을 토대로 학급 임원은 인기 투표가 아닌 우리가 중요하게 여기는 덕목을 가진 친구로 뽑아야 한다는 공감대를 형성합니다.

* 활용사례(3): 올 한 해 목표를 정해요![버킷리스트 만들기]

활동 순서

1. 모둠별로 도란도란 스토리텔링 카드 스티커와 A4 용지를 나눠 줍니다. 카드는 포털 사이트에 검색하거나 '더 즐거운 교육몰(thefunedu.com)'에서 구입할 수 있습니다.

2. 각자 A4 용지를 4등분해서 접었다가 펴서 네 칸을 만듭니다.
3. 올 한 해 이루고 싶은 목표를 생각하고, 그 목표와 어울리는 이미지를 골라 각 칸에 붙입니다.

이미지 카드를 활용해 아이들이 작성한 버킷리스트.

4. 이미지 밑에 어떤 목표를 달성하고 싶은지 정성껏 씁니다.
5. 어떤 목표를 세웠는지 모둠원과 돌아가며 이야기 나눕니다. 그중 특이하거나 주목할 만한 목표가 있다면 전체 발표를 해 봅니다.

38 이미지 카드③: 아이디어 발산하기

앞서 설명했듯이 이미지 카드는 학생들의 상상력과 표현력을 자극하는 매개체 역할을 합니다. 새로운 아이디어를 떠올려야 하거나, 다양한 이야기를 만들어야 할 때 이미지 카드를 사용하는 이유가 바로 여기에 있죠. 이번에는 이미지 카드를 활용한 생각 모으기 및 스토리텔링 수업 방법을 소개하도록 하겠습니다.

* 활용사례(1): 새로운 발명품 만들기

활동 순서

1. 모둠별로 이미지 카드와 포스트잇을 나눠 줍니다.
2. 이미지 카드를 살펴보고 카드를 두 장 고릅니다.
3. 두 장의 카드를 연결해서 새로운 발명품을 고안합니다.
4. 발명품의 특징을 포스트잇에 정리합니다.
5. 갤러리 워크(267쪽 참고)로 서로의 발명품을 구경하고, 가장 기발한 발명품을 만든 친구의 포스트잇에 스티커를 붙입니다.
6. 스티커를 가장 많이 받은 친구가 자기 발명품을 반 친구 모두에게 소개합니다.

※ 발명품을 고안하고 난 뒤에는 미술 시간과 연계해서 발명품의 모습을 상상하여 디자인하게 해도 좋습니다. 자연스럽게 실과와 미술의 융합 수업이 이뤄집니다.

* 활용사례(2): 새로운 이야기 만들기

> 활동 순서

1. 모둠별로 이미지 카드와 종을 나눠 줍니다. 종은 책상 가운데에 둡니다.
2. 각자 카드를 다섯 장씩 나눠 갖습니다.
3. 모둠 1번부터 카드 한 장을 내려놓으면서 이야기를 시작합니다.
4. 돌아가며 자기 카드를 내려놓으며 이야기를 이어 나갑니다. 이때, 모둠원들이 너무 억지스럽거나 말이 되지 않는 이야기라고 판단하는 경우 카드를 내려놓지 못하고 카드 더미에서 카드 한 장을 벌칙으로 받게 됩니다.
5. 카드를 내려놓는 데 실패한 경우, 이야기를 이어 나갈 자신이 있는 사람이 책상 가운데 놓인 종을 치고 이야기를 덧붙입니다.
6. 가장 먼저 자기 손에 있는 카드를 내려놓는 사람이 '이야기왕'이 됩니다.

※ 이 활동은 경쟁 대신 협동 방식으로 진행할 수도 있습니다. 모둠원이 무작위로 카드를 두 장씩 뽑아 가게 한 뒤, 모둠의 카드를 배치해 그럴듯한 이야기를 만들어 냅니다. 가장 멋진 이야기를 만든 모둠에게 열띤 칭찬을 해 줍니다.

* 활용사례(3): 미래 직업 상상하기

> 활동 순서

1. 모둠별로 이미지 카드를 나눠 줍니다.
2. 각자 마음에 드는 카드 두 장을 고릅니다.

3. 이미지 카드를 보고 생각나는 직업들을 브레인스토밍해서 모두 적습니다.
4. 지금까지 찾은 직업들 중 비슷하거나 완전히 다른 직업들을 하나로 묶어서 새로운 미래 직업을 상상해 만듭니다.
5. 포스트잇에 미래 직업의 이름, 추천 능력, 덕목, 활동 장소, 수입 등을 적습니다.
6. 모둠원끼리 돌아가며 발표하고 우리 모둠이 추천하는 미래 직업을 선정해 발표합니다.

39 감정 카드 ①: 신나는 감정 놀이

이미지 카드와 함께 교실에서 가장 유용하게 활용할 수 있는 교구는 감정 카드입니다. 아이스크림몰에서 쉽게 찾을 수 있는 '옥이샘의 감정툰 카드'는 모둠별로 구매해 두는 걸 추천하고, 학토재에서 판매하는 느낌 자석이나 피스모모(peacemomo.org)의 '나를 표현하는 100가지 방법, 자기표현 카드'는 전체 학생과 감정을 공유할 때 편리하니 예산을 들여서라도 한 세트 갖춰 두면 좋습니다. 특히 감정 카드에는 우리가 평소에 느끼는 수많은 감정이 들어가 있기 때문에 수업에 적용하기 전 어떤 감정들이 있는지 살피고, 해당 감정을 언제 느끼는지 이야기 나누는 시간이 반드시 필요합니다. 그래야 감정 카드를 깊이 이해하고 잘 활용할 수 있거든요. 학생들과 함께 감정 카드 속 언어들을 즐겁게 살피는 놀이를 소개합니다.

* **활용사례(1): 감정 인디언 게임**

> 활동 순서

1. 모둠별로 감정 카드를 한 세트씩 나눠 줍니다.
2. 카드를 잘 섞어서 뒷면으로 놓고 책상 한가운데에 더미로 쌓아 둡니다.
3. 모둠 1번부터 더미의 맨 위에서 카드를 뽑은 뒤 카드를 보지 않고 자기 이마에 붙입니다.

4. 다른 모둠원은 카드에 쓰인 말을 확인하고 그 감정을 느꼈던 상황을 이야기합니다.
   예) 감정: 무섭다.
   설명: "엄마가 내 이름을 성까지 붙여서 부를 때 이런 감정이 들어!"
   "공포 영화 보면 바로 이 감정이 들어!"
5. 모둠원의 이야기를 들으며, 모둠 1번은 이마에 붙은 감정을 추측해서 정답을 말합니다.
6. 정답을 맞혔다면 이마에 붙인 카드를 내려놓습니다.
7. 위와 같은 방법으로 시계 방향으로 돌아가며 감정을 살펴봅니다.
8. 제한 시간 10분 동안 가장 많은 카드를 내려놓은 모둠이 '공감왕 모둠'으로 뽑힙니다.

※ 아무리 설명해도 정확한 감정을 말하지 못할 때도 있습니다. 이럴 때는 '패스'를 외치고, 감정이 무엇인지 확인하게 해도 무방합니다.

* 활용사례(2): 감정 스피드 게임

활동 순서

1. 4인 1모둠 기준으로 두 명은 정답꾼, 두 명은 설명꾼이 됩니다.
2. 정답꾼들은 선생님을 등지고 섭니다. 선생님은 정답꾼 뒤에서 감정 카드 하나를 들어 설명꾼들에게 보여 줍니다.
3. 설명꾼들은 카드 속 감정을 확인하고 정답꾼들에게 이 감정이 느껴지는 여러 상황들을 이야기합니다.

4. 정답꾼들은 설명꾼들의 이야기를 듣고 어떤 감정인지 맞힙니다.
5. 정답을 맞혔다면 설명꾼과 정답꾼의 역할을 바꿉니다. 설명꾼이 정답꾼 자리로 가고, 정답꾼이 설명꾼 자리로 갑니다.
6. 제한 시간 3분 동안 위 행동을 반복합니다. 가장 많은 감정을 맞힌 모둠이 승리합니다.

행복한 김선생의 수업 톡!톡!

● 감정 인디언 게임으로 모둠 내에서 충분히 감정들을 살피게 하고 난 뒤, 감정 스피드 퀴즈를 진행하는 것이 좋습니다. 감정 스피드 퀴즈는 경쟁적 요소와 스릴이 더 강하기 때문에 어느 정도 감정 카드의 내용을 이해하고 있어야 원활하고 의미 있는 진행이 가능합니다.

40 감정 카드 ②: 감정 카드로 말해요!

감정 놀이로 감정 카드에 어떤 내용들이 있는 즐겁게 살펴봤다면 이제는 감정에 관해 더욱 깊이 이해하고 들여다볼 차례입니다. 지금 소개하는 활동은 교과 수업, 독후 활동, 계기 교육 등에서 다양하게 변형하여 적용할 수 있습니다.

활동 순서

1. 모둠별로 감정 카드를 한 세트 나눠 줍니다.
2. 모둠원이 함께 상의해 포스트잇에 오늘 공부하거나 읽은 글 중에서 가장 핵심적인 단어나 장면을 적어 붙입니다.
   예) 사회 시간에 '저출산과 고령화'를 주제로 공부했다면 포스트잇에 '저출산'이라고 적습니다.
3. 각자 포스트잇을 살펴보고 강렬하게 느낀 감정을 생각한 뒤, 감정 카드를 선택합니다.
4. 모둠 1번부터 자신의 감정 카드를 소개하면서 왜 이 카드를 골랐는지 설명합니다.
   예) "내가 고른 감정은 '두렵다'야. 아이를 적게 낳는 것에 별생각이 없었는데 오늘 공부하고 보니 우리나라의 상황이 심각하게 느껴졌어. 우리의 미래가 어떨지 두렵다는 생각이 들었거든."
5. 위와 같은 방법으로 돌아가며 감정 카드를 소개합니다.

행복한 김선생의 수업 톡!톡!

● 감정 카드를 굳이 한 장만 고르지 않아도 됩니다. 최대 세 장까지 고를 수 있게 하면 더 다양한 감정에 관한 의견을 나눌 수 있습니다. 이를 통해 같은 상황에서도 여러 가지 감정들을 복합적으로 느낄 수 있음을 확인하게 됩니다.

● 규칙을 반대로 변형해서 활용해도 좋습니다. 먼저 감정을 고르고 난 뒤, 그에 맞는 상황을 이야기해도 풍성한 대화를 나눌 수 있습니다. 이 규칙은 주로 온책을 읽은 뒤, 독후 활동에서 적용합니다. 활동 순서는 다음과 같습니다.
  1. 모둠별로 감정 카드를 나눠 줍니다. 그중 카드 한 장을 골라 책상 가운데에 둡니다.
  2. 감정 카드를 살펴보고 책의 어떤 장면에서 카드 속 감정을 느꼈는지 포스트잇에 씁니다.
  예) 『열세 살 우리는』을 함께 읽고 '걱정되다'라는 감정 카드를 골라 책상에 놓았다면 "보리가 루미를 배신하고 나쁜 길로 빠졌을 때 정말 걱정됐어"라는 문장을 적습니다.
  3. 돌아가며 포스트잇에 쓴 내용을 발표합니다. 어떤 장면들이 있었는지 이야기를 나누면서 책의 내용을 더 깊이 이해합니다.

● 음악과 미술 등 예술 교과에도 적극적으로 활용해 보세요. 음악을 듣고 어떤 감정을 느꼈는지, 미술 작품을 감상하고 어떤 감정이 강렬하게 들었는지를 카드로 표현하며 이야기 나누면 훨씬 자연스러운 수업이 가능하답니다.

41 감정 카드 ③: 감정 카드를 모아라

앞서 소개한 활동들도 그렇지만, 지금 소개하는 수업 방법은 특히나 독후 활동에 활용하면 더 좋습니다. 등장인물의 마음을 깊이 들여다보는 동시에 책의 내용을 전반적으로 훑어보는 데 큰 도움을 주거든요. 바로 '감정 카드를 모아라'입니다.

활동 순서

1. 모둠별로 감정 카드 한 세트를 나눠 줍니다. 감정 카드를 잘 섞어 더미로 만들어 가운데에 둡니다. 좋은 카드 더미 옆에 둡니다.
2. 모둠 1번부터 카드 더미 맨 위에서 카드를 뽑아 모둠원에게 보여 줍니다. 뽑은 감정 카드와 연결 지어 책을 읽으며 느낀 감정, 생각들을 이야기합니다.
   예) 그림책 『대단한 무엇』(다비드 칼리 글, 미젤 탕코 그림, 김경연 옮김, 문학동네, 2019)을 읽고 '놀라다'라는 카드를 뽑은 뒤 "도리스 고모가 호스를 밟고 있을 때, 나도 모르게 깜짝 놀랐어."
3. 모둠원이 인정할 만큼 적절하게 이야기했다면 감정 카드를 내 앞으로 가져옵니다. 엉뚱한 이야기를 하거나 적절한 대답을 하지 못할 경우 카드를 맨 밑으로 집어넣어야 합니다.
4. 제한 시간 동안 가장 많은 카드를 가져간 사람이 '오늘의 감정왕'이 됩니다.

행복한 김선생의 수업 톡톡!

- 카드를 많이 가져가야 승리하는 구조이므로 자칫 잘못하면 경쟁이 지나쳐 서로의 이야기에 비난하는 분위기가 만들어질 가능성도 있습니다. 미리 이 부분을 이야기 나누고 서로의 감정을 최대한 인정하기로 약속해 주세요.

- 경쟁 대신 협동 규칙을 활용해 보세요. 제한 시간 동안 최대한 많은 감정 카드를 책과 연결해서 이야기하게 하면, 경쟁적 요소가 사라지기 때문에 서로의 감정을 더욱 넓은 마음으로 수용하게 됩니다.

- 규칙을 반대로 변형해 적용해도 재밌습니다. 활동 방법은 다음과 같습니다.
  1. 모둠별로 감정 카드 한 세트를 나눠 줍니다.
  2. 각자 감정 카드를 10장씩 나눠 갖습니다.
  3. 모둠 1번부터 돌아가며 책의 장면과 연결해 감정 카드를 내려놓으며 그때 느낀 감정을 이야기합니다. 이때, 한 장면에서 복합적인 감정이 느껴졌다면 최대 세 장까지 감정 카드를 책상에 올려 둘 수 있습니다.
  4. 순서대로 돌아가며 카드를 놓습니다. 가장 먼저 자기 손에 있는 카드를 내려놓은 사람이 '오늘의 감정왕'이 됩니다.

42 직업 카드

'직업 카드'는 진로 교육에서 가장 많이 활용하는 교구지만 때에 따라서는 교과 교육과 인성 교육에서 훌륭한 효과를 발휘하는 교구이기도 합니다. 직업 카드를 어떤 식으로 수업에 연계하는지 두 가지 사례를 통해 안내하도록 하겠습니다.

✱ 교과수업 활용사례(1): 직업인의 통신수단을 찾아라!

초등 3학년 사회 교과에서는 통신수단의 종류를 공부하고 난 뒤, 장소나 하는 일에 따라 사람들이 통신수단을 이용하는 모습을 알아보게 됩니다. 이때, 직업 카드를 활용해 보세요. 평범한 수업이 아주 특별하게 변화합니다.

활동 순서

1. 각자 직업 카드를 무작위로 한 장씩 뽑아 갑니다. 카드는 아이들이 알 만한 직업으로 학급 학생 수에 맞게 미리 선정해 두는 것이 좋습니다.
2. 자신이 뽑은 직업을 잘 살펴보고 포스트잇에 직업에 필요한 통신수단과 그 통신수단이 필요한 까닭을 적습니다. 통신수단을 잘 찾지 못하는 학생이 있을 경우, 선생님이 도움을 주거나 짝꿍과 함께 해결하도록 독려합니다.

   예) 가수 / 이 직업이 사용하는 통신수단은 마이크와 스피커다. 왜냐하면 노래를 많이 불러야 하기 때문이다.
3. 직업 카드 밑에 포스트잇을 붙입니다. 모둠원끼리 자신의 직업 카드와 이용하는 통신수단을 돌아가며 발표합니다.
4. 모둠활동이 끝나면 선생님은 직업 카드와 그 밑에 붙어 있는 포스트잇을 모두 걷습니다. 학생들이 고른 카드와 그 밑에 붙은 포스트잇을 무작위로 골라 읽어 주고 어떤 직업인지 맞혀 보게 합니다. 이 과정을 반복하며 다양한 직업과 통신수단을 살펴봅니다.
예) 이 직업이 사용하는 통신수단은 마이크와 스피커예요. 왜냐하면 노래를 많이 불러야 하기 때문이죠. 이 직업은 무엇일까요?

* **인성 교육 활용사례(2): 직업인의 미덕을 찾아라!**

진로 및 인성 교육과 연계해서 직업 카드를 활용할 수도 있습니다. 우리가 살아가면서 익혀야 하는 여러 가지 미덕과 덕목들을 공부하고 난 뒤, 직업인과 연결시켜 보는 활동이죠.

활동 순서

1. 모둠별로 직업 카드 한 세트와 미덕 목록표, 포스트잇을 나눠 줍니다.
2. 직업들을 하나씩 살펴보며 직업에 꼭 필요한 미덕들을 찾아 매칭시킵니다.
3. 왜 그 미덕이 필요한지 포스트잇에 정리해서 직업 카드 아래에 붙입니다.
예) 발명가 / 필요 미덕: 창의성 / 발명가는 창의적으로 생각하고 새로운 물건을 발명해야 하는 사람이기 때문입니다.

4. 제한 시간 동안 최대한 많은 미덕을 찾아서 붙입니다.
5. 모둠별로 돌아가며 직업 하나와 자신들이 찾은 미덕을 이야기합니다. 이때, 같은 직업을 고른 모둠이 있다면 "우리도!"라고 자신들이 고른 내용을 이야기합니다. 미덕이 다르다면 왜 다른 미덕을 골랐는지도 이야기 나눕니다.
6. 위와 같은 방법으로 직업과 미덕을 살펴보고, 내가 일하고 싶은 분야의 직업과 내가 키워야 하는 미덕들을 고민해서 정리합니다.

43 씽킹보드&씽킹맵

'헥사보드'로 대표되는 씽킹보드는 이제 모든 교실에서 흔히 볼 수 있는 가장 대중적인 교구가 되었습니다. 포스트잇이 일회용이라면 씽킹보드는 마커로 쓰고 지울 수 있는 다회용 제품이라 더욱 많은 선생님들의 사랑을 받고 있지요. 씽킹보드의 기본 기능은 생각을 쓰고 공유하는 데에 있지만, 이를 씽킹맵과 융합해 활용하면 훨씬 체계적이고 합리적인 생각 모으기가 가능하죠. 여기에서는 씽킹맵의 종류와 씽킹보드 배치법을 자세히 설명하도록 하겠습니다.

- **써클맵**: 어떠한 주제에 포함되는 여러 가지 개념들을 적기 편한 형태입니다. 모둠 안에서 자유로운 브레인스토밍을 진행할 때 유용합니다.

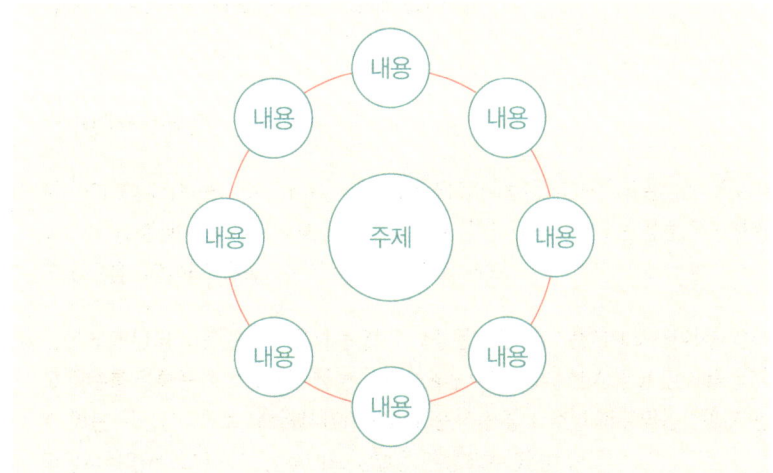

• **트리맵**: 한 가지 주제를 일정한 기준으로 분류할 때 활용하면 좋은 형태입니다.

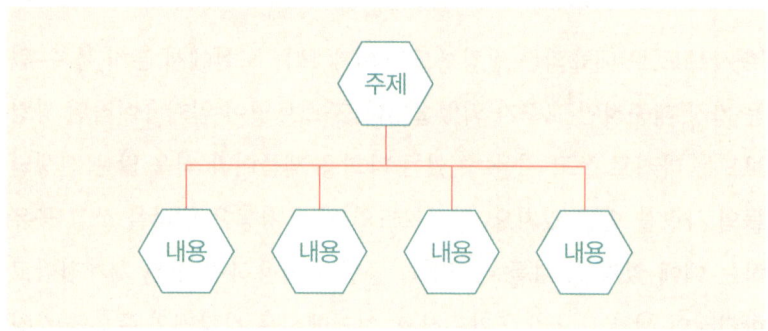

• **버블맵**: 흔히 말하는 마인드맵과 비슷한 형태로 한 가지 큰 주제에 가지치기를 하며 아이디어를 발산할 때 좋습니다.

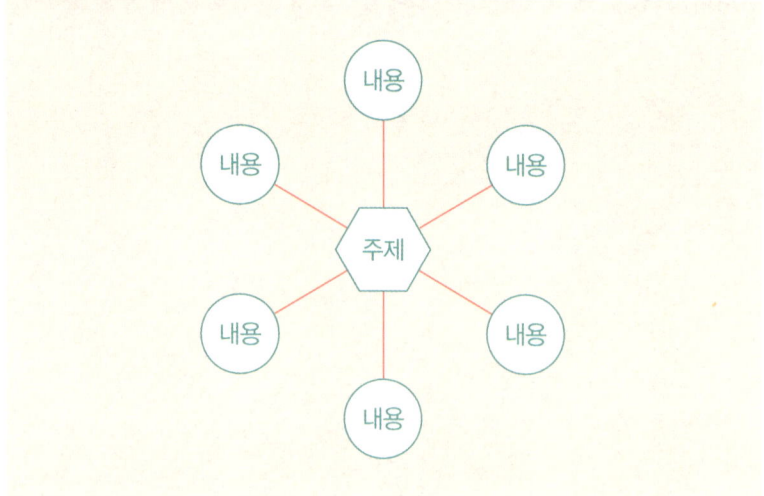

- **더블 버블 맵**: 두 가지 주제나 개념의 공통점과 차이점을 비교, 대조할 때 유용한 형태입니다. 큰 주제 두 개를 써 놓고 가운데에는 공통점을, 양쪽 바깥에는 차이점을 정리합니다.

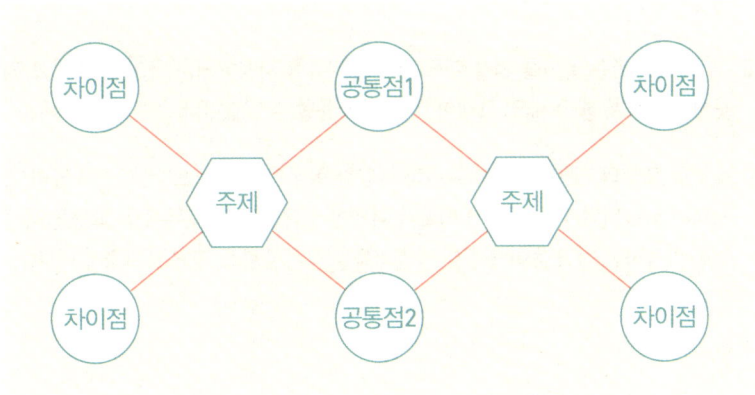

- **멀티 플로우 맵**: 원인과 결과를 분석할 때 좋은 형태입니다. 왼쪽에는 원인이나 문제를, 가운데에는 주제를, 오른쪽에는 결과 혹은 해결법을 씁니다.

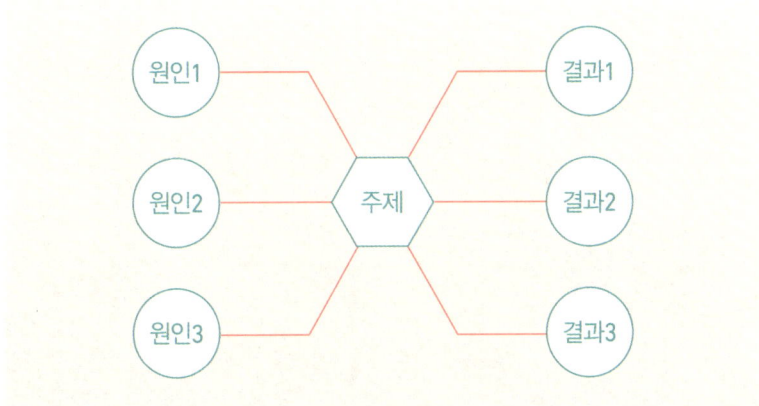

행복한 김선생의 수업 톡!톡!

- '씽킹보드'에 글씨를 쓸 때는 최대한 또박또박 크게 적는 연습을 합니다. 마커를 사용하는 만큼 글씨를 대충 쓰거나 작게 쓰면 어떤 의견인지 확인하기 어렵기 때문입니다.

- '씽킹보드'에 쓴 글씨를 지울 때도 개인 물티슈를 사용해서 자국이 남지 않고 깨끗하게 되도록 해 주세요. 그래야 더 오래 사용할 수 있습니다.

- 육각형 모양의 '헥사보드' 뿐 아니라 다양한 형태의 '씽킹보드'가 시중에 많이 출시되어 있습니다. 가능하다면 되도록 다양한 형태를 구비해 두세요. 학생들의 생각을 자극하는 데 도움이 될뿐더러 결과물을 정리할 때도 훨씬 보기 좋답니다.

수업활동 ❻
언제든지 즐기는 보드게임 활용 수업

선생님은 보드게임을 어떻게 활용하고 있으신가요. 혹시 쉬는 시간에 학생들이 알아서 노는 용도 정도로 가볍게 사용하고 있다면 지금부터는 생각을 바꿔 보세요. 보드게임이야말로 교구 중에서도 학생들이 가장 좋아하고 흥미로워하는 최고의 학습 도구거든요. 수업에 바로 적용할 수 있는 치밀하게 잘 짜인 규칙, 평소에 접하기 힘든 독특한 구성을 자랑하는 부품들을 경쟁과 협동이 적절히 혼합된 모둠 형태에 적절히 적용하면 학생들의 학습 의욕을 자극하기 때문이죠. 그래서 이번에는 간단하고 단순하면서 수업 시간에 쉽게 적용할 수 있는 여러 가지 보드게임들을 소개하고자 합니다. 지금부터 나오는 보드게임은 굳이 모둠 수만큼 구매하지 않아도 교실에 있는 교구로 충분히 대체할 수 있는 것들로 엄선한 것이니 주저하지 말고 바로 수업과 학급경영에 적용해 보세요.

44 집 나간 집중력도 돌아오는 '5초 준다'

보드게임 중 짧은 시간 안에 알고 있는 것을 빠르게 말해야 하는 규칙을 가지고 있는 작품들이 꽤 많습니다. 이런 보드게임들은 학생들의 집중력을 최대한 끌어올려 생각을 자극하고, 지금까지 배운 지식들을 충분히 활용케 하는 장점을 갖고 있지요. 그중 대표적인 보드게임이 바로 '5초 준다'입니다.

'5초 준다' 설명 영상.

구성품 살피기

'5초 준다'의 구성품은 단순합니다. 양면이 노란색과 보라색으로 이루어진 문제 카드와 하늘색 특수 카드(떠넘기기/주제 바꾸기), 그리고 가장 중요한 타이머입니다. 이 타이머는 구슬이 위에서 떨어지면서 '뽕~' 하는 재밌는 소리가 나도록 설계되어 있습니다. 구슬이 맨 위에서 아래로 떨어지는 시간이 딱 '5초'입니다. 사실 이 타이머 하나만으로도 학생들의 흥미를 자극하기엔 충분하죠.

활동 순서

1. 책상 가운데에 문제 카드 더미를 만들어서 쌓아 둡니다. 문제 카드는 노란색과 보라색 양면으로 되어 있으므로 어느 쪽이 보이게 둬도 상관없습니다.
2. 모둠원 1번이 '대답꾼'이 됩니다. 대답꾼의 오른쪽 사람이 카드 더미

맨 위 카드를 뒤집고 이번 라운드 주제를 큰 소리로 이야기합니다.

예) 만약 카드에 '채소'라고 쓰여 있다면 "채소!"라고 이야기합니다.

주제를 공개한 뒤, 타이머를 뒤집습니다.

3. 대답꾼은 타이머의 구슬이 떨어지기 전까지 '채소'와 관련된 세 단어를 말해야 합니다.

예) "오이, 상추, 깻잎!"

4. 세 단어를 말하는 데 성공했다면 대답꾼은 문제 카드를 자기 앞으로 가져옵니다.

5. 대답꾼이 정답을 말하는 데 실패했다면 기회는 대답꾼의 왼쪽 사람에게 넘어갑니다. 왼쪽 사람도 실패한다면 또 그다음 왼쪽 사람에게 기회가 넘어가게 되겠죠. 이렇게 이어서 도전하다가 정답 세 개를 말한 사람이 카드를 가져갑니다.

(*원래는 앞사람이 말한 단어를 또다시 말하면 안 됩니다. 하지만 이 규칙을 적용할 경우, 게임이 상당히 어려워지기 때문에 앞사람이 말한 단어도 말할 수 있게 융통성을 발휘해 주세요.)

6. 만약 모두가 다 실패했다면 문제 카드는 이번 라운드 대답꾼이 가져갑니다.

7. 위와 같은 방법으로 돌아가며 대답꾼 역할을 합니다. 문제 카드 10장을 먼저 모으는 사람이 최종 승리를 하게 됩니다.

행복한 김선생의 수업 톡!톡!

● 이 보드게임의 핵심은 '타이머'입니다. 수업에 언제든 쉽게 적용할 수 있는 학습 교구이기 때문입니다. '타이머'만 사용할 생각이라면 굳이 모둠 개수만큼 보드게

임을 준비할 필요 없이 선생님이 전체 진행을 해도 좋습니다. 사용 방법은 다음과 같습니다. 여기서는 이해하기 쉽게 '복합어'를 공부하는 국어 시간이라고 예를 들어 볼게요.

1. 1모둠부터 자리에서 일어납니다.
2. 선생님이 복합어를 만들 수 있는 단어를 하나 던지면서 타이머를 돌립니다.
   예) "나무!"
3. 모둠원들이 돌아가면서 단어를 활용해 복합어를 한 가지씩 이야기합니다.
   예) "단풍나무, 은행나무, 벚나무, 나무뿌리"
4. 성공했다면 모둠 점수 10점을 얻습니다. 실패했다면 바로 다음 모둠이 자리에서 일어나 도전합니다. 성공한 모둠이 10점을 가져갑니다.

● '5초 준다'의 룰을 모둠활동에 적용하면 긴장감과 집중도를 높이는 동시에 각자에게 일정한 책임을 부여하기 때문에 협동학습의 효과도 얻을 수 있습니다. 다만 학습자 수준에 따라 5초 안에 네 단어를 연달아 이야기하기란 쉽지 않을 수 있습니다. 이럴 땐 타이머를 두 번 돌려서 한 모둠당 10초의 시간을 부여합니다.

● 학습 준비물로 구매하거나 학급비를 활용해서 모둠 개수만큼 보드게임을 준비해 놓으면 더 많은 활동을 고안할 수 있습니다. 여유가 될 경우 구매를 추천합니다.

※ 이런 보드게임도 있어요!

① 폭탄 돌리기

'5초 준다'가 고학년에게 어울리는 보드게임이라면 '폭탄 돌리기'는 저학년이 좋아하는 보드게임입니다. 이 보드게임의 핵심 또한 '폭탄'에 있습니다. 폭탄은 버튼을 누르면 짧으면 십몇 초 내에, 길면 1분을 넘겨서 터지게 됩니다. 사용법은 '5초 준다'와 대동소이합니다. 선생님이 주제를 제시하고 타이머를 1모둠에 넘깁니다. 1모둠은 주제에 어울리는 단어 하나를 이야기하고 2모둠에 타이머를 넘깁니다. 이렇게 쭉 폭탄을 넘기다가 폭탄이 '펑' 하고 터진 모둠에게 간단하고 재밌는 벌칙을 수행하도록 합니다. 어떤 수업이든 주제에 맞는 단어를 이야기할 수 있다면 모두 활용 가능하니 수업 교구로 꼭 하나 준비해 두시길 바랍니다.

② 스피드10

제한 시간 내에 알고 있는 것을 모두 끄집어내 말하는 보드게임이 하나 더 있습니다. 바로 '스피드10'입니다. '스피드10'은 주제에 따라 열 단어가 적힌 정답이 있는 상황에서, 모래시계가 떨어질 동안 정답 카드에 있는 단어를 최대한 많이 맞히는 게임입니다. 만약 주제가 "빨간색"이라면 빨간색과 관련된 모든 단어를 모래시계가 다 떨어지기 전까지 말해서 정답을 최대한 많이 맞혀야 하죠. 이 보드게임은 수업에 이렇게 적용할 수 있습니다. 예를 들어 4학년 과학에서 식물을 공부하는 시간이라고 생각해 보세요. 선생님은 지금까지 배운 식물 단어를 뽑아 미리 정답지를 마련해 놓습니다. 정답은 굳이 10개가 아니어도 됩니다. 내용에 따라 서너 개로 조정해도 무방합니다. 그다음 학생들은 제한 시간 동안 모둠별로 모여 A4 용지나 이면지에 생각나는 대로 최대한 많은 식물을 씁니다. 모래시계가 다 떨어지면 선생님이 정답을 부르고 학생들은 자기 모둠에 선생님이 쓴 단어가 몇 개나 있는지 확인해 봅니다. 이런 식으로 지금까지 공부한 내용을 정리하거나 배경지식을 확인할 때 '스피드10'의 규칙은 아주 유용하게 활용할 수 있습니다. 우리가 흔히 보드게임 하면 엄청나게 많은 부품과 복잡한 규칙이 있다는 편견을 갖고 있는데 절대 그렇지 않습니다. '5초 준다' '폭탄 돌리기' '스피드 10'처럼 핵심적인 구성과 단순한 규칙의 보드게임이 상당히 많고, 이런 보드게임들은 언제든지 수업에 바로 적용할 수 있는 장점이 있답니다.

45 누구보다 빠르게! '블리츠'

앞서 소개한 '5초 준다'만큼이나 빠르게 자신이 알고 있는 단어를 이야기하는 보드게임이 있습니다. 심지어 '5초 준다'보다 훨씬 경쟁적이고, 치열한 눈치 싸움이 벌어지죠. 바로 '블리츠'가 그 주인공입니다.

'블리츠' 설명 영상.

구성품 살피기

'블리츠'의 구성품은 간단합니다. 파란색 카드 60장, 빨간색 카드 60장이 전부죠. 이 중에서 하고 싶은 카드를 한 세트 선택해서 잘 섞고 난 뒤 책상 가운데에 배치하면 모든 준비는 끝납니다.

활동 순서

1. 모둠원 1번부터 시계 방향으로 카드 더미 맨 위에서 카드를 뽑아 자기 앞에 앞면이 보이도록 쌓아 놓습니다. 카드에는 색깔과 주제가 표시되어 있습니다.
2. 이렇게 돌아가며 카드를 뒤집다가 같은 색깔의 카드가 나오는 순간, 상대방의 카드에 적힌 주제를 확인하고 그 주제에 맞는 단어를 먼저 재빨리 외칩니다.
3. 상대보다 먼저 단어를 말했다면 카드를 가져올 수 있습니다. 이때 상대에게서 가져온 카드가 점수가 됩니다.
4. 카드 중에는 '와일드 카드'도 있습니다. 와일드 카드가 발동하면

와일드 카드에 있는 색깔끼리 만나는 순간 무조건 대결을 펼쳐야 합니다. 와일드 카드 발동 전까지 같은 색만 승부를 봤다면, 와일드 카드 발동 후에는 같은 색뿐 아니라 와일드 카드에 있는 두 가지 색깔도 반드시 승부를 봐야 합니다. 와일드 카드는 다른 와일드 카드가 나오기 전까지 지속적으로 효과를 발휘합니다.

5. 거의 똑같은 속도로 단어를 말했을 경우에는 더미에서 새로운 카드를 뽑아 재대결을 펼칩니다. 가위바위보로 간단하게 승부를 봐도 무방합니다. 이렇게 카드 더미가 모두 소진될 때까지 게임을 진행하고 점수 카드가 가장 많은 사람이 승리하게 됩니다.

행복한 김선생의 수업 톡!톡!

● '블리츠'는 기본적으로 단어 게임이지만 수학 수업, 특히 연산이 필요한 단원에 활용하면 정말 좋은 규칙을 가진 보드게임입니다. 수업에서는 이렇게 활용합니다.
  1. 4인 1모둠 기준으로 각자 빈 카드를 15장씩 나눠 갖습니다.
  2. 학생들은 각자 색깔이 다른 네임펜으로 문제를 냅니다. 예를 들어, 3학년 수학에서 (두 자릿수)×(한 자릿수)을 공부했다면 그에 맞는 문제를 각자 출제합니다.
  3. 모두 문제를 출제했다면 '블리츠' 규칙을 적용해 게임을 합니다. 카드를 모두 섞어 같은 색깔이 나온 학생끼리 빨리 문제를 풀고, 정답을 먼저 이야기 한 사람이 카드를 가져갑니다.
  4. 제한 시간 내에 가장 많은 카드를 가져간 사람이 승리합니다.

● 다만, 위와 같은 방식으로 수업을 진행할 경우 학습 수준이 다소 낮은 학생들은 점수를 얻기 힘들어합니다. 이런 경우를 방지하기 위해 '블리츠'를 할 때는 수준별 모둠을 따로 구성해도 좋습니다. 학습 수준이 비슷한 친구들끼리 모여서 문제를 만들고 진행하면 재미도 있을 뿐 아니라 자연스럽게 협동학습과 개별학습이 가능해집니다. 선생님도 학습 수준이 낮은 학생 모둠에 더 신경을 쏠 수 있어 수업을 진행하는 여유를 확보할 수 있습니다.

46 서로의 생각에 공감해요, '너도나도 파티'

보드게임을 즐기는 동안 학생들은 그 어느 때보다 활발하게 이야기 나누곤 합니다. 보드게임 자체가 플레이어들의 의사소통을 촉진하는 매개체가 되기 때문입니다. 이러한 특징을 수업에 잘 적용하면 학생들 간에 생각을 나누고 공감하는 분위기를 조성할

'너도나도 파티'
설명 영상.

수 있습니다. 그중에서 보드게임을 잘 모른다는 선생님들도 한 번쯤은 들어 봤다는 게임이 바로 '너도나도 파티'입니다. 맨 처음에는 '너도나도'로 출시되었다가 '너도나도 파티'로 개정된 작품이기도 하지요. 여기에서는 편의상 너도나도로 부르도록 하겠습니다.

구성품 살피기

너도나도의 주요 구성품은 초록색과 빨간색으로 이루어진 주제 카드입니다. 초록색 주제 카드는 남들과 완벽하게 같은 단어를 써야 점수를 얻을 수 있는 카드이고, 빨간색 주제 카드는 의미가 어느 정도만 통해도 점수를 얻을 수 있는 카드입니다.

활동 순서

1. 게임을 시작하기 전에 주제 카드를 하나 뽑습니다.
   예) "사람들이 가장 좋아하는 한국의 역사적 위인은?"
2. 주제를 발표하면 모둠원들은 시트지에 주제와 어울리는 단어를 여

섯 개 씁니다. 이때 다른 플레이어에게 자신이 쓴 단어를 공개하지 않습니다.

예) 세종대왕, 이순신, 광개토대왕, 김구, 유관순, 안창호

3. 모둠원이 모두 단어를 썼다면 1번 모둠원부터 자신이 쓴 단어를 하나씩 큰 소리로 이야기합니다. 다른 모둠원들은 자신의 시트지를 살펴보면서 거기에 1번 모둠원이 부른 단어가 있다면 "나도!" 하고 손을 듭니다.

4. 손을 든 사람 수만큼 해당 단어 옆에 점수를 씁니다. 만약 첫 번째 플레이어가 "세종대왕"이라고 했는데 세 명이 "나도!"라고 손을 들었다면 세종대왕을 쓴 사람이 총 네 명이기 때문에 '세종대왕' 단어를 쓴 학생들은 모두 4점을 얻습니다. 단어를 부른 학생뿐 아니라 손을 든 학생 모두 동시에 점수를 얻는 방식입니다.

5. 이런 방식으로 돌아가면서 자신이 쓴 단어를 순서대로 부르고 점수를 계산합니다. 모두 단어를 불렀다면 점수의 총합을 계산합니다.

6. 3라운드까지 진행해서 점수의 총합이 가장 높은 학생이 승리하게 됩니다.

행복한 김선생의 수업 톡!톡!

● '너도나도'는 굳이 보드게임을 활용하지 않아도 종이와 펜만 가지고도 수업에 빠르고 간단하게 적용할 수 있다는 큰 장점이 있습니다. 단, 수업에 적용할 때는 원래 규칙을 조금 변형해서 진행하는 것이 좋습니다. 학급 전체 학생을 대상으로 게임을 진행하는 경우 한 사람 한 사람 자기가 쓴 단어를 여섯 개 모두 이야기하다 게임이 자칫 지루해지기 쉽기 때문입니다. 그래서 전체 학생들과 게임을 진행할 때는 한 사람당 여섯 개 단어 중 공감대를 가장 많이 얻을 것 같은 단어 하나만 부

르게 합니다. 이렇게 규칙을 변경하면 플레이 시간을 줄이면서도 모든 학생이 끝까지 참여하게 집중력을 유지할 수 있습니다.

- ● 점수 계산 규칙을 완전히 바꿔도 재밌습니다.
  1. 학생 한 명을 '정답꾼'으로 선정하고 시트지에 적은 단어 여섯 개를 발표하게 합니다.
  2. 다른 학생들은 정답꾼이 부른 단어와 자기 단어를 비교하면서 점수를 계산합니다.
  3. 정답꾼의 정답과 내가 쓴 단어와 순서가 모두 일치하면 5점, 단어만 일치하면 3점, 일치하는 단어가 없으면 0점으로 계산합니다. 예를 들어 정답꾼이 "1번, 세종대왕"이라고 했다고 가정했을 때, 내가 1번에 세종대왕을 썼다면 5점, 1번이 아닌 곳에 세종대왕을 썼다면 3점, 아예 세종대왕이 없다면 0점을 얻게 되는 것입니다.

  이렇게 하면 게임 시간을 확 줄이는 동시에 몰입도는 높일 수 있어 학생들이 더욱 재밌게 게임에 참여하게 됩니다. 다음에는 1라운드 점수가 가장 높은 학생이 정답꾼 역할을 합니다.

- ● '너도나도'는 내 생각과 친구의 생각을 일치시켜 보는 재미를 느끼게 하는 게임입니다. 배경지식을 활용할 때, 오늘 공부한 내용을 복습할 때, 긴 글을 읽고 중요한 단어들을 정리할 때 모두 유용합니다. 따로 준비물을 챙길 필요 없이 교과서의 빈 곳을 활용해 빠르게 진행하기도 적합하니 광범위하게 활용하면 좋겠습니다.

47. 빠르게 공감하기, '더블 매칭'

'너도나도'의 단점을 보완하면서 보다 빠르게 진행이 가능하도록 만들어진 게임이 하나 있습니다. 바로 '더블 매칭'인데요. 단어를 여섯 개 쓰고 말해야 하는 부담이 있는 너도나도와 달리 더블 매칭은 라운드당 딱 두 개의 단어만 쓰기 때문에 플레이어들의 부담이 한층 덜한 게임이기도 합니다.

'더블 매칭'
설명 영상.

구성품 살피기

다양한 주제가 적힌 주제 카드와 15초 만에 떨어지는 모래시계, 그리고 단어를 적을 수 있는 시트지로 구성되어 있습니다.

활동 순서

1. 더블 매칭의 규칙은 너도나도와 거의 비슷합니다. 다만, 모둠활동에 더 특화되어 있고 점수 규칙을 완화한 것이 특징입니다. 게임이 시작되면 모둠원들은 각자 시트지를 한 장씩 받습니다.

2. 모둠 1번이 주제 카드를 뒤집어 큰 소리로 읽고 모래시계를 돌립니다. 모든 모둠원은 모래시계가 다 떨어지는 15초 동안 주제에 어울리는 단어 두 개를 답안지에 적습니다.
   예) "우리나라를 대표하는 음식은?" / 비빔밥, 불고기

3. 15초가 끝나면 1번 모둠원부터 돌아가며 자기가 쓴 단어를 부릅니

다. 만약 "비빔밥"이라고 했다고 했다면 비빔밥을 쓴 학생은 모두 "매칭!"이라고 외칩니다. 한 사람 이상 매칭을 외쳤다면 비빔밥은 매칭 단어가 됩니다.
4. 매칭 단어에는 동그라미 표시를 합니다. 이렇게 돌아가며 자기가 쓴 단어를 모두 이야기하고 매칭을 완료하면 라운드가 종료됩니다.
5. 점수를 계산합니다. 자신이 쓴 두 개의 단어를 모두 매칭시킨 사람은 3점, 한 개의 단어만 매칭시킨 사람은 1점, 하나도 매칭시키지 못한 사람은 0점을 얻습니다.

1번 모둠원	2번 모둠원	3번 모둠원	4번 모둠원
1. 불고기(매칭) 2. 비빔밥(매칭 실패)	1. 불고기(매칭) 2. 숯불갈비(매칭)	1. 김치찌개(매칭 실패) 2. 된장찌개(매칭 실패)	1. 숯불갈비(매칭) 2. 떡볶이(매칭 실패)
1점	3점	0점	1점

6. 이렇게 게임을 4라운드 진행해서 가장 높은 점수를 얻은 학생이 승리합니다. 라운드 수는 학생 수와 수업에 따라 조정할 수 있습니다.

행복한 김선생의 수업 톡!톡!

● '더블 매칭'은 단순한 개념 정리나 배경지식 확인뿐 아니라 감정 수업 등에서도 상당히 유용하게 활용할 수 있습니다. 활동 순서는 다음과 같습니다.
 1. 학생들에게 감정 목록표가 들어 있는 활동지를 나눠 줍니다.
 2. 학생들과 감정 목록표에 무슨 감정들이 있는지 확인해 보고, 어떤 상황에서 느끼는지 간단하게 이야기 나눕니다.
 3. 감정을 다 살펴봤다면 본격적으로 게임을 시작합니다. 먼저 선생님이 상황을 제시합니다. "자, '감정 더블 매칭' 1라운드를 시작할게요. 여러분이 학교에서 집으

감정 더블매칭

1. TV 화면의 상황을 보고, 그 상황에서 느껴질 만한 감정 2가지를 아래 표를 참고해 적습니다.
2. 모둠원끼리 돌아가며 자신이 적은 감정 2개를 이야기 합니다.
3. 이 때, 친구가 말한 감정을 나도 적었다면 "매칭!"이라고 외치고 동그라미를 칩니다.
4. 라운드가 끝날 때마다 점수를 계산합니다.
5. 2개 모두 매칭 됐다면 3점, 1개만 매칭 됐다면 1점, 하나도 매칭 되지 못했다면 0점입니다.

기쁨		슬픔		화남		두려움	
신나는	흥미로운	슬픈	외로운	화난	신경질나는	무서운	소름끼치는
즐거운	힘찬	눈물이나는	막막한	싫은	분한	두려운	오싹한
재미있는	밝은	미안한	기운없는	짜증나는	열 받는	공포스러운	괴로운
흥겨운		마음 아픈	피곤한	미워하는	곤두선	불안한	고통스러운
흥분되는		불쌍한	걱정되는	심통 나는	질투하는	떨리는	다리가
자신 있는		재미없는	고민되는	샘나는	약 오르는	겁나는	후들거리는
할 수 있는		지루한	후회되는	질투하는	욱하는	진땀나는	
자랑스러운		따분한	실망스러운	지겨운	충격적인	조마조마한	
발랄한		의욕 없는	조심스러운	귀찮은	상처받은	초조한	
생생한		무관심한	안타까운	답답한	섭섭한	굳어버린	
용기 있는		시큰둥한	싸늘한	속상한	비참한	긴장한	
짜릿한		위축된	허탈한	좌절한	변덕스러운	주눅 드는	
몰두하는		의기소침한	우울한	괴로운			
열정적인			울적한	억울한			

1라운드
❶ 슬픈
❷ 신경질나는
〈매칭점수: 0점 〉

2라운드
❶ 눈물이나는
❷ 초조한
〈매칭점수: 0점 〉

3라운드
❶ 기운없는
❷ 즐거운
〈매칭점수: 1점 〉

4라운드
❶ 걱정되는
❷ 막막
〈매칭점수: 1점 〉

5라운드
❶ 슬픈
❷ 후회되는
〈매칭점수: 3점 〉

6라운드
❶ 신나는
❷ 공포스러운
〈매칭점수: 1점 〉

* 나의 최종 매칭 점수는? 6점

'더블 매칭' 활동지.

로 가고 있어요. 집에 가려면 10분 정도 더 걸어가야 하는데 갑자기 배가 꾸룩꾸룩 아파서 잘 걷지도 못 할 지경이 되었어요. 어떤 감정이 느껴질까요?"

4. 학생들은 각자 감정 목록표에서 자신이 느낄 것 같은 감정을 두 가지 찾아 적습니다. 그다음, 모둠원들끼리 자기가 적은 감정을 돌아가면서 이야기합니다. '매칭'이 되었다면 매칭 감정에 동그라미를 쳐서 점수를 계산합니다.

5. 이때 단순하게 자신이 쓴 감정 단어만 이야기하고 마는 것이 아니라 왜 이런 감정을 느낄 것 같은지를 반드시 이야기하게 합니다. "나는 '좌절한'을 골랐어. 집에 도착하기도 전에 실수하면 인생 최대의 좌절을 느낄 것 같거든"이라고 감정 단어를 설명하면 자연스럽게 의사소통 연습을 할 수 있습니다.

● 전체가 같은 책을 읽고 독후 활동으로 활용해도 좋습니다. 먼저 선생님이 책의 하이라이트 부분이나 인상 깊은 장면을 4~6개 정도로 추려 놓습니다. 그리고 앞선 감정 수업처럼 책의 장면을 소개하고 이때 가장 강렬하게 느낀 감정들을 적어서 매칭시켜 봅니다. 단순하게 책에 대한 감정을 나눌 때보다 훨씬 재미있게 참여할 뿐만 아니라 서로의 감정을 살펴보고 이야기 나누기에도 편한 분위기가 됩니다. 다만, 단순하게 단어만 매칭하는 데에 그치지 않고 왜 그런 감정을 느꼈는지 충분히 이야기하도록 선생님께서 독려해 주어야 더 좋은 수업이 가능해집니다.

● '더블 매칭'은 주제만 조금 쉽게 제시하면 저학년도 충분히 플레이 가능한 보드게임 중 하나입니다. 단어를 적는 부담을 줄인 대신 소통의 공간을 활짝 열어 두었으니 앞서 소개한 너도나도와 병행해서 수업에 적극적으로 활용해 보세요.

48 서로의 우선순위를 탐색하라, '왓츠 잇 투야'

앞서 소개한 '너도나도'와 '더블 매칭'이 나와 상대방의 생각을 일치시키는 공감 게임의 성격이 강했다면 지금 소개하는 '왓츠 잇 투야'는 상대방의 생각과 의중이 무엇인지 알아맞히는 게임입니다. 평소 살펴본 상대의 성향과 여러 가지 지식들을 종합해 드러나지 않은 정보를 찾아내는 추론 활동을 기반으로 하므로 고학년 학생들이 상당히 좋아하는 게임이기도 합니다.

'왓츠 잇 투야' 설명 영상.

구성품 살피기

단어가 쓰여 있는 양면 단어 카드 180장, 플레이어를 표시하는 플레이어 표시 카드 여섯 장, 그리고 모양별로 다섯 개씩 숫자가 쓰여 있는 토큰 30개가 들어 있습니다.

활동 순서

1. 게임을 시작하기 전에 각자 플레이어 표시 카드 한 장과 표시 카드와 일치하는 도형의 토큰 다섯 개를 받습니다. 그다음, 단어 카드를 잘 섞어 더미를 만듭니다.
2. 1번 모둠원이 대답꾼이 됩니다. 대답꾼은 더미에서 카드 다섯 장을 뽑아 책상에 한 줄로 늘어놓습니다. 그다음, 공개된 카드들을 보고 우선순위를 매깁니다. 가장 중요하게 생각하는 카드부터 1번 토

큰을, 가장 중요하지 않다고 생각하는 카드에는 마지막 5번 토큰을 놓습니다. 토큰을 놓을 때는 다른 사람들이 알지 못하게 뒷면으로 놓아야 합니다.

(*대답꾼이 토큰을 놓을 때, 무의식적으로 1번부터 놓게 되는 경우가 종종 생겨 게임이 재미없어질 수도 있으니 이 부분을 유의하도록 미리 안내해 주세요.)

3. 대답꾼이 토큰을 모두 놓았다면 나머지 모둠원들은 대답꾼의 우선순위를 맞힙니다. 대답꾼이 무엇을 더 중요하게 생각할 것 같은지 곰곰이 생각하면서 자신의 번호 토큰을 놓습니다. 모든 플레이어가 토큰을 놓았다면 대답꾼은 자신의 우선순위를 공개합니다.

4. 우선순위를 확인하고 난 뒤 모둠원들은 자신이 맞힌 정답 토큰은 그대로 두고, 정답이 아닌 토큰은 가져갑니다.

예) 대답꾼이 '가족'이라는 단어를 1순위로 생각하고 1번 토큰을 두었는데 나도 마찬가지로 1번 토큰을 놓았다면 그대로 두면 됩니다. 2~5번 토큰을 두었다면 회수해야겠죠.

5. 점수를 계산합니다. 가장 많은 정답을 맞힌 모둠원이 카드 다섯 장을 모두 가져갑니다. 이때 카드 한 장당 1점짜리 점수 카드가 됩니다. 가장 많은 정답을 맞힌 플레이어가 두 명 이상이라면 카드 다섯 장을 똑같이 나눠 가지고 나눌 수 없는 카드는 버립니다.

6. 점수 계산이 끝나면 2번 모둠원이 대답꾼이 되어 게임을 이어 나갑니다. 이렇게 모두가 두 번씩 대답꾼 역할을 하고, 게임이 종료됐을 때 가장 많은 카드를 획득한 사람이 승리하게 됩니다.

행복한 김선생의 수업 톡!톡!

- '왓츠 잇 투야'를 수업에 적용하는 경우, 규칙을 약간 변형하여 활동지 하나로 간단하게 진행할 수 있습니다. 예를 들어 3학년 도덕 교과 '우정'을 공부하는 시간에 활용한다고 생각해 볼게요. 활동 순서는 다음과 같습니다.
  1. 학생들이 모둠을 만들어 앉고 각자 활동지와 필기도구를 준비합니다.
  2. 선생님이 첫 번째 라운드에서 우정과 관련된 단어 다섯 가지를 제시합니다.
     예) "친한 친구가 되기 위한 필수 조건은?" / 성격, 취미, 게임, 대화, MBTI
  3. 각 모둠의 1번 친구가 정답꾼이 되어 활동지에 먼저 우선순위를 씁니다.
  4. 나머지 모둠원들도 각자 자기가 생각하는 정답을 활동지에 씁니다.
  5. 모두 썼다면 정답꾼이 정답을 부릅니다.
     예) "1번 성격, 2번 게임, 3번 대화, 4번 게임, 5번 MBTI"
  6. 나머지 모둠원은 각자 자기가 쓴 단어를 채점합니다. 대답꾼과 순위가 일치하면 동그라미, 틀렸으면 엑스 표시를 합니다. 동그라미 친 개수만큼 점수를 얻습니다.

- 단순히 대답꾼의 우선순위가 무엇인지 추측만 하는 것이 아니라 돌아가며 질문을 한 개씩 하고 난 뒤, 우선순위를 결정하게 해도 좋습니다. 이 과정에서 자연스럽게 좋은 질문을 만드는 방법과 정답을 추론해 나가는 법까지 배울 수 있기 때문이죠. 질문은 직접적으로 정답을 묻는 경우만 질문만 제외하고는 폭넓게 허용합니다.
  예) [주제] "친한 친구가 되기 위한 필수 조건은?" / 성격, 취미, 게임, 대화, MBTI
  ▸ 질문1. "너는 게임을 많이 좋아하는 편이야?"
  ▸ 질문2. "너는 MBTI를 신뢰하는 편이야? 아니면 잘 믿지 않아?"
  ▸ 질문3. "성격은 3위 안에 들어가 있어?" 등

- 대답꾼은 우선순위를 공개하고 난 뒤, '이유 밝히기'를 합니다. 정답꾼이 단순하게 정답만 이야기하는 게 아니라 "왜 내가 1위에 성격을 적었냐면, 그래도 성격이 좀 맞아야 친해지지 성격이 안 맞으면 친해지기 힘들더라고"처럼 자기 생각을 꼭 꺼내도록 독려합니다. 처음에 이렇게 말하는 분위기가 잘 안 잡힌다면 라운드

가 끝날 때마다 선생님이 주도적으로 물어봅니다. "1모둠 정답꾼은 우선순위 1번을 뭐로 적었어요?" 같은 질문을 던지면서 학생의 이야기를 끌어내고 "여기에 공감하는 사람, 손!" 하면서 공감대를 형성하는 데 도움을 줄 수도 있지요. 분위기를 이렇게 풀어내면 '왓츠 잇 투야'를 하면서 정말 많은 이야기를 나누는 학생들의 모습을 볼 수 있습니다.

● 이 활동은 우선순위를 정하고 이야기를 나누는 모든 교과 활동에서 활용 가능합니다. 실과 시간에 '건강한 식생활'을 공부하면서 '초등학생들이 가장 좋아하는 음식 BEST 5' 우선순위를 매겨 볼 수도 있고요, 문화재 공부를 하면서 '우리나라를 대표하는 최고의 문화재 BEST 5' '고구려를 대표하는 문화재 BEST 5' 등을 선정해 봐도 재밌습니다.

너의 우선순위는?

이름: OOO

정답꾼	1	2	3	4	5	점수
김대빵	독도X	태극기O	한글X	무궁화X	애국가X	1점
나	불고기O	스테이크O	마라탕O	돈까스O	짜장면O	5점
김쌤	국어O	수학X	사회X	과학O	영어O	3점

49 같은 종류를 모아라, '캐치캐치'

보드게임의 가장 큰 장점이라고 한다면 빠른 두뇌 회전력과 상황 판단력을 길러 준다는 것입니다. 덕분에 어려운 내용들도 '게임' 요소를 도입해 집중력 있게 암기하고 분류하는 데 큰 도움을 주죠. 공부한 내용을 적절하게 분류하고 머릿속에 정리해서 외울 수 있도록 돕는 보드게임 중 지금 소개하는 '캐치캐치'만큼 대중적으로 성공을 거둔 작품도 드뭅니다.

'캐치캐치' 설명 영상.

구성품 살피기

'캐치캐치'에는 같은 종류의 카드들이 각각 다섯 장씩 들어가 있습니다. 학생들이 좋아하는 귀여운 피규어도 다섯 개 들어가 있지요. 이 피규어 덕분에 학생들이 이 게임을 자주 하고 싶어 하기도 합니다.

활동 순서

1. 카드의 종류는 모둠원 수만큼 사용합니다. 평균적으로 4인 1모둠이라고 가정했을 때, 네 종류의 카드 20장만 활용합니다. 만약 게임 인원이 다섯 명이라면 다섯 종류를 사용하게 됩니다.
2. 4인 1모둠 기준으로 20장의 카드를 골고루 섞어서 각 플레이어에게 똑같이 다섯 장씩 나눠 줍니다. 플레이어는 다른 사람은 보지 못하게 자기 카드를 확인합니다.

3. 피규어는 게임에 참가하는 인원보다 하나 적은 수만큼 책상 가운데에 둡니다.
4. 이 게임의 승리 조건은 남들보다 빨리 같은 종류의 카드 다섯 장을 모아서 "캐치캐치"를 외치고 피규어를 획득하는 것입니다. 그러니 자기 카드를 확인할 때 어떤 종류의 카드를 모을 것인지를 마음속으로 결정해 놓아야 합니다.
5. 각자 자신의 카드를 확인했다면 "하나, 둘, 셋"이라는 구호와 함께 버릴 카드 한 장을 책상 앞에 뒷면이 보이도록 놓습니다. 그리고 "넘겨!"라는 구호와 함께 오른쪽 친구에게 내가 버린 카드를 넘깁니다.
6. 친구가 나에게 넘긴 카드를 가져와서 어떤 카드인지 확인합니다. 다시 버릴 카드 한 장을 선택하고 위 행동을 반복합니다.
7. 어느 순간 같은 종류의 카드 다섯 장이 내 손에 모이게 되면 바로 "캐치캐치!"라고 외치며 책상 위 피규어를 잽싸게 가져갑니다. 나머지 인원도 내 카드의 완성 여부와 관계없이 누군가 "캐치캐치!"를 외쳤다면 피규어를 무조건 빨리 가져가야 합니다.
8. 피규어를 가져가지 못한 사람이 벌점 카드를 받습니다.
9. 다시 카드를 섞고 2라운드를 진행합니다. 위와 같이 진행하다가 벌점 3점을 받은 사람이 생겼다면 게임은 그 즉시 종료됩니다.

행복한 김선생의 수업 톡!톡!

● 수업에 활용할 때는 빈 카드를 사용해서 카드를 직접 제작한 후 진행합니다. 6학년 수학 시간에 '비와 비율'을 공부하는 차시로 예를 들어 설명합니다. 활동 순서는 다음과 같습니다.

1. 모둠원이 각자 빈 카드 다섯 장을 가져갑니다.
2. 선생님이 모둠 1번부터 4번이 쓸 비를 문장으로 제시합니다. 모둠원들은 빈 카드 한 장에 선생님이 제시한 문장을 쓰고 나머지 카드에는 해당 문장을 비와 비율, 백분율로 나타냅니다.

예)

모둠1번	4에 대한 3의 비	3:4	4분의 3	0.75	75%
모둠2번	2의 5에 대한 비	2:5	5분의 2	0.4	40%
모둠3번	1과 25의 비	1:25	25분의 1	0.04	4%
모둠4번	10에 대한 3의 비	3:10	10분의 3	0.3	30%

3. 피규어 대신 공기 알이나 지우개를 책상에 두고 '캐치캐치' 규칙대로 진행합니다. 머릿속으로 끊임없이 비와 비율을 계산하며 게임을 즐깁니다.

● '캐치캐치'는 순식간에 피규어를 낚아채야 하며 몸을 움직여야 하는 동적인 게임입니다. 피규어를 동시에 잡아서 뺏고 뺏기는 듯한 상황이 벌어졌다면 말다툼 대신 가위바위보로 승부를 내도록 미리 약속합니다.

50 분류하고 정리하기, '펭귄파티'

'캐치캐치'만큼이나 같은 종류의 개념들을 분류하고 정리하는 데 특화되어 있는 보드게임이 하나 더 있습니다. 바로 '펭귄파티'입니다. 보드게임의 스테디셀러답게 저학년부터 고학년까지 쉽고 부담 없이 참여할 수 있는 장점이 많은 게임입니다.

'펭귄파티' 설명 영상.

구성품 살피기
'펭귄파티'의 구성품은 보드게임에 활용할 36장의 카드와 벌점 토큰이 전부입니다. 카드는 각각 다섯 종류의 색깔 카드로 구성되어 있습니다(빨강, 파랑, 노랑, 초록 각 일곱 장, 검정 여덟 장). 벌점 토큰은 사용해도 되고, 굳이 사용하지 않아도 무방합니다.

활동 순서

1. 36장의 카드를 무작위로 섞어서 모둠원이 똑같은 수로 나눠 갖습니다. 딱 떨어지지 않고 카드가 남는 경우 앞면이 보이도록 책상에 미리 깔아 둡니다. 여기에서는 이해하기 쉽게 4인 1모둠을 기준으로 설명합니다.
2. 카드를 잘 섞어서 아홉 장씩 나눠 가졌다면 게임을 시작합니다. 1번 모둠원부터 자신이 가지고 있는 카드 중 한 장을 앞면이 보이도록 책상에 둡니다.

3. 2번 모둠원이 카드 한 장을 내려놓습니다. 이때, 1번 모둠원이 둔 카드의 왼쪽 또는 오른쪽에 붙여 내려놓습니다.

4. 3번 모둠원부터는 두 가지 행동 중 하나를 선택합니다.

    1) 앞선 플레이어들과 마찬가지로 책상에 깔린 카드의 왼쪽 혹은 오른쪽에 자신의 카드를 놓습니다.

    2) 또는 책상에 깔린 두 장의 카드 가운데 위쪽에 자신의 카드를 놓습니다. 가운데에 카드를 둘 때는 밑에 있는 카드 두 개 중 한 개와 반드시 색깔이 일치해야 합니다. 예를 들어 아래 카드가 빨간색과 노란색 카드라면 위에도 그 위에도 빨간색이나 노란색 카드 중 하나만 놓을 수 있습니다.

5. 모든 모둠원이 돌아가며 위와 같은 두 가지 행동 중 하나를 선택하면서 게임을 진행합니다.

6. 1층에 여덟 장이 놓이면 그때부턴 1층에 더 이상 카드를 놓을 수 없습니다. 무조건 2층 이상으로 카드를 올려야 합니다.

7. 더 이상 내 카드를 내려놓을 수 없다면 그 즉시 게임에서 탈락하고 들고 있는 카드 수만큼 벌점을 받습니다. 만약 내 손에 세 장의 카드가 남아 있다면 벌점 3점을 받게 됩니다.

8. 총 4라운드를 진행하면서 벌점을 받습니다. 단, 어느 한 라운드에서라도 내가 가진 카드를 모두 내려놓게 된다면 벌점 2점을 반납할 수 있습니다.

9. 최종 라운드까지 진행한 후, 벌점이 가장 낮은 사람이 승리합니다.

행복한 김선생의 수업 톡!톡!

● '캐치캐치'와 마찬가지로 '펭귄파티' 역시 수업에 활용할 때는 빈 카드를 사용해서 카드를 직접 제작한 후 진행합니다. 같은 종류의 개념이나 정답들을 분류하는 수업이면 모두 적용 가능하며, 같은 종류의 개수가 다섯 종류가 되지 않더라도 다음과 같이 카드를 제작하면 됩니다. 카드 제작 예시는 다음을 참고하세요.

* 5학년 사회 '삼국의 문화재'

| 고구려 문화재 7장 | 백제 문화재 7장 | 신라 문화재 7장 | 가야 문화재 7장 | "문화재를 사랑하자!" 문장 카드 8장 |

* 3학년 과학 '동물의 생활'

| 땅에 사는 동물 7장 | 물에 사는 동물 7장 | 날아다니는 동물 7장 | 사막이나 극지방에서 사는 동물 7장 | "모든 생명은 소중해요!" 문장 카드 8장 |

● 빈 카드를 만들 때 모둠원이 서로 다른 색깔의 펜을 쓰는 것이 기본입니다. 단, 게임의 난이도를 높이고 싶다면 검은 펜만을 사용해 카드를 만들어도 좋습니다. 색깔 대신 카드에 적힌 단어를 보고 같은 종류의 카드를 구분해야 하므로 학습 효과가 훨씬 올라간답니다.

51 외워서 전진하라, '치킨 차차'

메모리 게임은 예전부터 수업에 가장 많이 활용되어 온 보드게임입니다. 오늘 공부한 내용을 단순 반복적으로 암기하는 데 큰 도움을 주기 때문입니다. 그중에서도 '치킨 차차'는 독보적인 재미와 스릴을 자랑하는 게임으로 오랜 시간 명성을 유지하며 암기가 필요한 과목에서 큰 사랑을 받아 왔습니다.

'치킨 차차' 설명 영상.

구성품 살피기

'치킨 차차'는 보드게임 이름처럼 닭과 관련된 모양으로 구성되어 있습니다. 우선 원목으로 된 네 마리의 닭과 꽁지가 들어가 있고, 달걀 모양 타일 24장과 팔각형 타일 12장이 들어 있습니다.

활동 순서

1. 팔각형 타일을 뒷면이 보이게 뒤집어 잘 섞은 뒤, 가운데에 4x3으로 놓습니다. 달걀 모양 타일은 앞면이 보이게 팔각형 타일 주위에 원 모양으로 둘러놓습니다.
2. 모둠원이 각자 자기 닭을 하나 고르고 엉덩이 쪽 구멍에 꽁지를 끼웁니다. 4인 1모둠 기준으로 닭을 각각 여섯 칸마다 한 마리씩 달걀 모양 카드 위에 올려놓습니다.
3. 1번 모둠원부터 닭을 이동합니다. 자기 닭 앞에 놓은 달걀 모양 타

일의 그림을 확인한 뒤, 가운데에 있는 팔각형 타일 중 하나를 뒤집어 모두에게 보여 줍니다.

4. 팔각형 타일의 그림이 내 앞에 있는 그림과 일치한다면 닭을 한 칸 이동하고 다시 도전할 수 있습니다. 만약 일치하지 않는다면 닭을 그대로 두고 차례를 다음 사람에게 넘깁니다.

5. 위와 같은 행동을 반복하다가 앞서가던 닭의 바로 뒤칸에 도착하면 앞지르기를 할 수 있습니다. 이때는 자기 닭 바로 앞에 있는 달걀 모양 타일이 아닌 앞지르려고 하는 닭의 바로 앞에 있는 달걀 모양 타일과 같은 그림의 팔각형 타일을 찾아야 합니다.

6. 앞지르기에 성공했다면 앞에 있는 닭을 뛰어넘어 닭을 이동시키고 앞에 있던 닭의 꽁지를 빼앗아 달아납니다.

7. 누군가 모든 닭의 꽁지를 다 빼앗으면 게임이 끝나고 그 사람이 승리합니다.

행복한 김선생의 수업 톡!톡!

- '치킨 차차'를 수업에 활용할 때는 선생님이 모둠별로 활용할 카드를 미리 제작하여 나눠 줍니다. 이때 팔각형 카드는 정답 카드로, 달걀 모양 카드는 문제 카드로 명칭을 바꿔 활용합니다. 정답 카드는 뒷면이 보이지 않는 색깔 종이에 인쇄해야 합니다. 문제 카드는 일반 A4 용지에 인쇄해도 괜찮습니다.

- 정답 카드는 12장, 문제 카드는 24장이 기본 규칙입니다. 다만 학년과 학습 수준에 따라 장수를 조정해도 무방합니다. 정답 카드와 문제 카드가 2배 차이만 나면 됩니다.

- 수업에서 말은 지우개나 공깃돌, 바둑알 등 자기가 알아볼 수 있는 것으로 사용합

니다. 이동 규칙은 '치킨 차차'와 동일합니다. 내 말 앞에 있는 문제를 읽고, 그 문제에 해당하는 정답 카드를 적절하게 뒤집으면 앞으로 이동할 수 있습니다.

● 점수 규칙은 '치킨 차차'와 다르게 운영합니다. 게임을 진행하다 상대편 말을 잡은 학생이 생기면 그 학생이 100점을 얻습니다. 그다음, 문제 카드와 정답 카드를 새롭게 배치하고 2라운드를 진행합니다. 총 4라운드 또는 제한 시간 동안 가장 많은 점수를 얻은 학생이 승리합니다.

● '치킨 차차'를 활용한 학습활동은 학생들의 참여도와 몰입도가 상당한 것은 물론이거니와 제한 시간 동안 누구도 탈락하지 않고 도전할 수 있다는 장점이 있습니다. 또한 처음엔 문제에 대한 답을 모르는 친구도 다른 친구들의 활동을 지켜보며 자연스럽게 답을 알게 되지요. 경쟁 속에서 자기도 모르는 사이에 상호작용이 이뤄지는 것입니다.

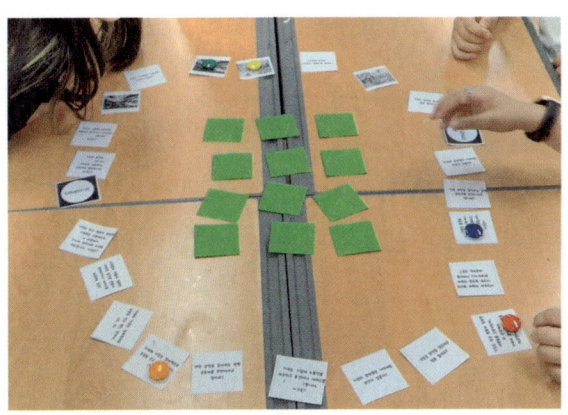

치킨 차차를 하며 상호작용하는 아이들.

● 수업 시간이 여유롭다면 문제 카드와 정답 카드를 학생들에게 직접 만들어 보라고 해도 좋습니다. 문제 출제, 암기, 정답 확인하기가 총체적으로 이뤄지기 때문에 더욱 큰 학습 효과를 거둘 수 있답니다.

52. 협동해서 해결하라, '저스트 원'

보드게임은 기본적으로 플레이어들이 각자의 목표를 이루기 위해 경쟁하는 시스템입니다. 그러다 보니 승부욕 강한 학생 간에 트러블이 생겨 분위기가 상할 때도 종종 생기곤 하죠. 이런 단점을 극복할 수 있는 것이 바로 '협동 보드게임'입니다. 서로가 가진 자원을 공유하고 의견을 교환하는 과정을 통해 공동의 목표를 달성하는 것이죠. 지금 소개하는 '저스트 원'은 바로 협동 보드게임의 대표 주자 중 하나입니다.

'저스트 원' 설명 영상.

구성품 살피기

'저스트 원'의 구성품은 힌트 단어를 적을 때 사용하는 보드판과 마커, 여러 가지 단어가 쓰여 있는 주제 카드로 이뤄져 있습니다.

활동 순서

1. 각자 보드판과 마커를 나눠 갖습니다. 카드 더미에서 13장의 카드를 뽑습니다. 이 카드들이 도전 카드가 됩니다.
2. 1번 모둠원부터 대답꾼이 됩니다. 대답꾼이 눈을 감으면 나머지 모둠원들은 카드 더미에서 카드 한 장을 뽑아 대답꾼의 보드판에 꽂아 놓습니다.
3. 대답꾼이 1번부터 6번 중 번호 하나를 부릅니다. 나머지 모둠원은

해당 번호의 단어를 확인하고 난 뒤, 대답꾼이 맞힐 수 있도록 힌트 단어를 제시합니다.

예) 정답 답어가 '축구'라면

| 손흥민 | 박지성 | 메시 | 월드컵 |

힌트 단어를 적을 때, 다음과 같은 힌트들은 적을 수 없습니다.
1) 정답을 포함하는 단어 - 축구공, 축구선수, 축구감독
2) 정답을 영어로 그대로 직역한 단어 - Soccer

4. 힌트를 적었다면 나머지 모둠원들끼리 힌트 단어를 확인합니다. 이때, 중복된 힌트 또는 잘못된 힌트가 있다면 모두 지웁니다. 같은 단어를 포함하면 모두 중복된 힌트로 판단합니다.

예) * 힌트가 중복된 경우

| 손흥민(제거) | 손흥민(제거) | 메시 | 월드컵 |

* 힌트가 잘못된 경우

| 축구공(제거) | 손흥민 | 메시 | 월드컵 |

5. 힌트를 정리했다면 대답꾼은 눈을 뜨고 힌트를 확인합니다. 힌트를 조합해 정답 단어를 추론합니다.
6. 대답꾼이 정답을 맞혔다면 해당 문제 카드를 성공 카드로 확보합니다. 정답을 맞히지 못했다면 해당 문제 카드와 함께 카드 더미에 있는 문제 카드를 한 장 더 꺼내 두 장을 버립니다.
7. 카드 더미의 카드가 모두 사라질 때까지 위와 같이 게임을 진행하

고 몇 개의 카드를 성공 카드로 확보했는지 확인합니다.

> **행복한 김선생의 수업 톡!톡!**

● '저스트 원'을 수업에 적용할 때는 헥사보드와 마커를 사용합니다. 정답 단어 역시 선생님이 전체에게 제시합니다. 각 모둠 대답꾼의 눈을 감게 하거나 안대를 씌운 후, 선생님이 TV 화면을 활용해 나머지 모둠원들에게 전체 제시합니다. 이 외에는 '저스트 원'의 규칙과 동일하게 진행합니다.

● 학급 전체가 협동하는 게임으로 진행해도 좋습니다. 1모둠부터 첫 번째 대답꾼이 되어 앞으로 나와 칠판을 바라보고 뒤돌아 서 있습니다. 안대와 귀마개까지 하면 더욱 좋습니다. 나머지 모둠은 선생님이 제시한 정답 단어를 보고 힌트를 고민해서 헥사보드에 적습니다. 그다음 각 모둠의 힌트를 비교하고 중복되거나 잘못된 힌트를 지운 뒤, 대답꾼들이 정답을 맞히게 합니다. 전체 협동으로 진행되어 서로의 성공에 환호하고 손뼉을 쳐 주는 멋진 모습까지 볼 수 있답니다.

● 전체 활동으로 진행하는 경우 모둠끼리 절대 힌트를 의논하지 않게 합니다. 또한 모둠 내 토의 소리가 대답꾼들의 귀에 들어갈 수 있으므로 최대한 소곤소곤 이야기하는 것을 원칙으로 합니다

53. 토의의 재미는 이런 것, '시밀로'

'시밀로'는 토의수업을 시작할 때 반드시 경험하게 하는 보드게임입니다. '토의·토론은 어려운 것'이라는 학생들의 고정관념을 한 방에 날려 줄 수 있을 뿐 아니라, 공동의 목표를 달성하기 위해 치열하고 활발한 의사소통을 진행하도록 짜여 있기 때문입니다.

'시밀로' 설명 영상.

현재 '시밀로'는 인기에 힘입어 동화편, 신화편, 역사적 위인편, 해리포터편까지 다양한 시리즈로 출시되어 있습니다. 카드의 모양만 다를 뿐 규칙은 모두 같습니다.

구성품 살피기

인물 그림이 그려진 인물 카드 30장이 전부입니다. 이 단순한 구성품으로 정말 깊이 있는 토의·토론의 재미를 느끼게 하죠.

활동 순서

1. 모둠별로 '시밀로'를 한 세트씩 나눠 줍니다.
2. 1번 모둠원이 첫 번째 출제자가 됩니다. 출제자는 카드를 잘 섞어서 한 장을 뽑고 자기만 알게 확인합니다. 이 카드가 바로 모두가 맞혀야 하는 '비밀 캐릭터'입니다.
3. 비밀 캐릭터가 선정되었다면 출제자는 카드 더미 속에서 11장의 카드를 더 꺼내 비밀 캐릭터와 함께 잘 섞습니다. 이 카드들을 모두

가 볼 수 있게 4x3 형태로 책상 위에 펼쳐 놓습니다. 그리고 출제자는 카드 더미에서 다섯 장의 카드를 뽑아 손에 듭니다.

4. 게임은 총 5라운드로 진행합니다. 출제자를 제외한 모둠원들은 '비밀 캐릭터'를 제외한 나머지 카드들을 라운드마다 제거해야 합니다. 1라운드에는 한 장, 2라운드에는 두 장, 3라운드에는 세 장, 4라운드에는 네 장, 마지막 5라운드에는 한 장을 제거합니다.

5. 라운드마다 출제자는 자기가 들고 있는 다섯 장의 카드 중 하나를 활용해 팀원들에게 힌트를 줍니다. 문제 카드 옆에 힌트 카드를 놓아야 하는데, 이때 '바로 놓기'와 '90도로 꺾어 놓기' 중 하나를 선택합니다.

6. '바로 놓기'는 내려놓은 힌트 카드가 비밀 캐릭터와 무언가 유사점이 있다는 뜻이고, '꺾어 놓기'는 내려놓은 힌트 카드가 비밀 캐릭터와 차이점이 있다는 뜻입니다. 이 힌트 카드들은 라운드가 끝날 때까지 팀원들이 계속 확인할 수 있습니다. 힌트 카드를 내려놓은 뒤 출제자는 손에 다시 카드 한 장을 보충합니다.

    예) 비밀 캐릭터가 '백설 공주'일 때, '신데렐라' 카드는 '공주'라는 유사점이 있기 때문에 '바로 놓기'를 할 수 있습니다. '모자장수' 카드는 '모자 착용 유무'라는 차이점이 있기에 '꺾어 놓기'를 할 수 있습니다.

7. 출제자의 힌트를 보고, 모둠원들은 제거할 카드를 선택합니다. 이때 반드시 모두가 동의할 수 있도록 치열한 토의·토론을 거칩니다. 모두가 만장일치로 동의할 때만 캐릭터를 제거할 수 있기 때문에 자연스럽게 상대를 설득하는 의사소통 방법을 연습하게 됩니다.

8. 위와 같은 방법으로 최종 5라운드까지 비밀 캐릭터가 살아남는다

면 모두의 승리, 그렇지 않다면 모두의 패배입니다.
9. 모둠원이 돌아가며 한 번 이상 출제자 역할을 경험합니다.

행복한 김선생의 수업 톡톡!

● 비밀 캐릭터 지키기가 실패로 끝날지라도 우리 모두가 함께 동의한 것이기에 누구를 비난하는 것이 아닌 '우리 모두의 책임'이라는 것을 강조해 주세요. '시밀로'를 플레이하며 여러분들이 하나의 목표를 달성하기 위해 이야기를 나누고 고민했듯이, 토의와 토론도 이 세상의 수많은 문제를 함께 해결해 나가는 '시밀로'와 같은 과정이라고요.

● 국어 시간 비교와 대조를 공부할 때도 유용하게 활용할 수 있습니다. 학생들이 각각 두 장의 카드를 무작위로 뽑아 간 뒤에 두 장의 공통점과 차이점을 찾아 짧은 글짓기를 합니다. 한 번으로 끝내지 말고 모둠원끼리 카드를 바꿔 가며 공통점과 차이점을 찾게 하거나, 모둠에 두 장의 카드만 제공하고 공통점과 차이점을 최대한 많이 찾게 해도 좋습니다.

54 숫자 세기부터 분수까지, '크로싱'

3학년 때 처음 배우는 분수는 학생들이 지금까지 배운 수 개념과 완전히 다른 추상적 개념이기 때문에 이때부터 수학을 어려워하는 친구들이 급격하게 늘어납니다. 특히 3학년은 진분수, 가분수, 대분수의 개념을 모두 공부해야 하는 시기라 이때를 잘 넘기지

'크로싱' 설명 영상.

못하면 이후 이어지는 분수 단원마다 엄청난 고생을 하게 됩니다. 숫자 세기뿐 아니라 분수의 개념도 익히고, 진분수부터 대분수까지 재밌게 표현해 볼 수 있는 보드게임이 있습니다. 바로 '크로싱'입니다.

구성품 살피기

'크로싱'은 현재 우리나라에서 절판되어 구입하기 어렵습니다. 대신 인터넷 쇼핑몰에서 쉽게 구매할 수 있는 모조 보석과 천 주머니, 그리고 포스트잇만으로도 충분히 게임을 즐길 수 있습니다.

활동 순서

1. 모둠 개수만큼의 주머니와 그 안에 들어갈 색깔별 보석들을 준비합니다. 보석의 색깔은 네 종류여야 하며, 어떤 색이든 무방합니다. 준비한 보석들은 적절하게 잘 섞어 주머니에 무작위로 집어넣습니다.

2. 보석이 든 주머니와 포스트잇을 모둠별로 나눠 줍니다. 이때 포스트잇은 모둠원 수보다 한 개 적게 줍니다. 4인 1모둠의 경우 포스

트잇은 세 장만 필요합니다.

3. 모둠 책상 가운데에 포스트잇 세 장을 일렬로 놓은 뒤, 주머니에 있는 보석을 보지 않고 꺼내 포스트잇 위에 두 개씩 올려놓습니다.
4. "하나, 둘, 셋" 구호와 함께 자신이 가져가고 싶은 보석이 올려진 포스트잇을 정확하게 가리킵니다.
5. 나만 그 포스트잇을 가리켰다면 포스트잇 위에 있는 보석들을 내 앞에 갖다 놓습니다. 그런데 만약 누군가와 겹쳐서 가리켰다면 그 보석은 아무도 가져가지 못합니다.
6. 라운드가 끝나면 보석을 보충합니다. 비어 있는 포스트잇에는 보석 두 개를, 보석이 남아 있는 포스트잇에는 보석 한 개를 채워 넣습니다. 8라운드 정도를 진행하면서 보석을 각자 확보하게 합니다.
7. 8라운드가 지나면 추가 규칙을 설명합니다. 지금까지는 포스트잇만 가리켜서 보석을 모아 왔다면 이제는 친구들의 보석도 빼앗아 올 수 있습니다. "하나, 둘, 셋" 구호와 함께 포스트잇 뿐 아니라 친구의 보석을 가리킬 수 있습니다. 만약 나만 친구의 보석을 가리켰다면 그 보석들을 다 빼앗아 올 수 있는 것이죠.
8. 방어 규칙도 함께 소개합니다. 이번 라운드에 누군가가 내 보석을 빼앗아 갈 것 같다면 내 보석을 두 손으로 막아 방어할 수 있습니다. 방어한 보석은 영원히 내 소유가 됩니다. 내 소유가 된 보석들은 헷갈리지 않게 한쪽으로 잘 정리해 둡니다. 다만, 이번 라운드에 방어를 선택했다면 다음 라운드 한 번은 게임에 참여할 수 없습니다. 보석을 영원히 소유한 대신 새로운 보석을 가져올 수 없게 페널티를 부과하는 것이죠.

9. 추가 규칙을 투입해 제한 시간 내에 게임을 진행합니다. 게임이 끝나면 자신의 보석이 몇 개인지 색깔별로 분류해서 세어 봅니다. 남은 보석의 수가 가장 많은 사람이 승리하게 됩니다.

행복한 김선생의 수업 톡!톡!

● '크로싱'은 저학년 수 세기부터 바로 투입할 수 있는 게임입니다. 보석을 모으고 내가 가진 보석이 몇 개인지 발표해 봐도 좋고, 보석 색깔마다 점수를 준 뒤에 점수를 더하는 연습을 해도 좋습니다. 파란색 4점, 빨간색 3점, 분홍색 2점, 흰색 1점으로 점수를 부여했다면 보석 네 개가 합쳐졌을 때 10이 된다는 사실을 토대로 '10 만들기' 수업을 진행할 수 있습니다.

● 분수 단원에서 활용할 경우 내가 가진 전체 보석의 개수 중에 특정 색깔의 보석이 얼마인지 분수로 표현해 학습지에 정리하게 합니다. 예를 들어 내가 가진 전체 보석이 20개인데 파란색 보석이 일곱 개라면, 20분의 7이라고 정리할 수 있습니다. 보석 색깔대로 분수를 표현하고 나면, 자연스럽게 분모가 같은 분수의 크기 비교까지도 가능해집니다. 분모가 같은 경우 분자가 클수록 분수도 크다는 것을 구체물을 통해 직관적으로 파악하게 되는 것이죠.

● 분모가 같은 분수의 덧셈과 뺄셈도 가능합니다. 전체 개수에 대한 각 색깔 보석의 개수를 분수로 표현하고 이를 다양하게 더하거나 빼 보는 연습을 합니다. 보석 개수를 모두 더했을 때 전체가 1이 된다는 사실도 확인합니다.

● 분수를 소수로 바꾸는 연습도 할 수 있습니다. 자신이 모은 보석을 골고루 10개만 추리게 합니다. 10개 중에 빨간색 보석이 몇 개인지를 분수로 표현하고 이를 다시 소수로 바꿔 봅니다. 같은 방식으로 6학년 과정에서 비와 비율도 공부할 수 있어요. 기준량을 전체 보석으로, 비교하는 양을 특정 색깔의 보석으로 삼아 이를 비와 비율, 백분율로도 나타낼 수 있습니다.

보석을 모아라. 크로싱!

1. 보석 개수를 정리하세요.
   ① 파란색: 16 ② 빨간색: 12
   ③ 분홍색: 9   ④ 하얀색: 11

   20
   2̶8̶
   48

2. 다음을 비로 나타내세요.   48

   ① '파란색 보석의 개수'와 '전체 보석의 개수'의 비 16 : 48
   ② '분홍색 보석의 개수'와 '전체 보석의 개수'의 비 9 : 48
   ③ '전체 보석의 개수'에 대한 '빨간색 보석의 개수'의 비 12 : 48
   ④ '빨간색 보석의 개수'의 '하얀색 보석의 개수'에 대한 비 12 : 11
   ⑤ '파란색 보석의 개수'에 대한 '분홍색 보석의 개수'의 비 9 : 16

3. 다음을 비율(기약분수)로 나타내세요.

   ① '빨간색 보석의 개수'의 '전체 보석의 개수'에 대한 비율 $\frac{\cancel{12}1}{\cancel{48}4} = \left(\frac{1}{4}\right)$
   ② '전체 보석의 개수'에 대한 '분홍색 보석의 개수'의 비율 $\frac{\cancel{9}3}{\cancel{48}16} = \left(\frac{3}{16}\right)$
   ③ '분홍색 보석의 개수'와 '빨간색 보석의 개수'의 비율 9 : 12 $\frac{\cancel{9}3}{\cancel{12}4} = \left(\frac{3}{4}\right)$
   ④ '하얀색 보석의 개수'의 '파란색 보석의 개수'에 대한 비율 11 : 16 $\left(\frac{11}{16}\right)$
   ⑤ '빨간색 보석의 개수'에 대한 '분홍색 보석의 개수'의 비율 12 : 9

   12   9
   → $\frac{\cancel{9}}{\cancel{12}} = \frac{3}{4}$ $\frac{\cancel{12}4}{\cancel{9}3} = \frac{4}{3} = \left(1\frac{1}{3}\right)$

'크로싱' 활동지.

55. 연산부터 약배수까지, '로보77'

수 연산 하면 떠오르는 보드게임, 바로 그 이름도 유명한 '로보77'입니다. 웬만한 교실에 하나쯤은 있다는 전설의 보드게임이죠. 그런데 막상 유명해서 사 놓아도 선생님이 어떻게 하는지 모르면 학생들도 쉽사리 잘 손을 대지 않아요. 지금부터 '로보77'이 어떤 재미를 가진 보드게임인지 자세히 설명하도록 하겠습니다.

'로보77' 설명 영상.

구성품 살피기

숫자가 적혀 있는 숫자 카드, 특수한 능력이 있는 특수 카드, 그리고 생명칩으로 구성되어 있습니다.

활동 순서

1. 이 게임의 기본 규칙은 '덧셈'입니다. 선생님은 앞 사람이 말한 숫자에 자기가 낸 카드 숫자를 더해야 한다고 간단히 설명합니다.
2. 모둠원들은 각자 생명 칩을 세 개씩 받습니다. 카드는 모두 한데 섞어 무작위로 다섯 장씩 나눠 갖습니다. 남은 카드는 더미를 만들어 책상 가운데에 놓습니다.
3. 1번 모둠원부터 자기가 손에 든 카드 중 하나를 카드 더미 옆에 내려놓으며 '버리는 카드 더미'를 만듭니다. 카드를 내려놓을 때는 카드에 적힌 숫자를 모두가 들을 수 있게 말합니다. 예를 들어 '5'를

버린다면 "5!" 하고 외치며 버립니다.
4. 카드를 버리는 즉시, 카드 더미에서 카드 한 장을 보충해서 가져옵니다. 플레이어의 손에는 항상 카드가 다섯 장 들려 있어야 합니다.
5. 2번 모둠원 역시 마찬가지로 자기 손에 있는 카드를 내려놓습니다. 다만, 이때부터는 내가 낸 카드의 숫자가 아닌 앞 사람이 낸 숫자에 내가 낸 숫자를 더한 수를 불러야 합니다. 예를 들어 '9'를 버린다면 앞 사람이 버린 '5'에 '9'를 더해서 "14!"라고 이야기해야 하겠지요.
6. 이렇게 더하다가 내 차례에서 '11의 배수'를 말하게 되면 그 즉시 생명칩 하나를 잃습니다. 즉, 11, 22, 33, 44와 같은 숫자를 말하면 손해를 보게 됩니다.
7. 불리한 상황을 타개하거나 상대를 공격하기 위해 특수 카드를 활용할 수도 있습니다. 특수 카드는 총 5종류입니다.

−10	앞사람이 부른 숫자에 10을 뺀 숫자를 부릅니다.
0	앞사람이 부른 숫자와 똑같은 숫자를 부릅니다.
76	초반에 상대를 곤경에 빠뜨릴 때 씁니다.
방향 바꾸기	진행 방향을 바꿉니다.
x2	다음 차례인 사람이 카드 두 장을 내도록 합니다.

8. 카드의 숫자를 더해 가다가 누군가 77 이상의 숫자를 말하게 되면 그 즉시 라운드가 종료됩니다. 77 이상의 숫자를 말한 사람은 생명칩을 하나 잃습니다.
9. 위와 같은 방법으로 새로운 라운드를 시작합니다. 더 이상 잃을 생명칩이 없는 경우 게임에서 탈락합니다. 칩을 가지고 있는 마지막 한 명이 게임의 승자가 됩니다.

행복한 김선생의 수업 톡!톡!

● '로보77'은 기본적으로 덧셈을 연습하는 보드게임입니다. (두 자릿수)+(두 자릿수)를 배우는 2학년 때부터 활용하면 좋죠. 단순한 덧셈 수업뿐 아니라 수학 수업의 여러 장면에서도 유용하게 적용할 수 있습니다.

● 1학년 수학에서 짝수와 홀수를 배울 때도 '로보77'을 활용할 수 있습니다. 76을 제외한 특수 카드는 빼놓은 상태에서 선생님이 실물 화상기를 활용해 카드를 보여 주면서 짝수인지 홀수인지 구분해 보게 합니다. 보드게임이 모둠 수만큼 넉넉하다면 다음과 같은 놀이 활동도 가능합니다.

1) 홀짝 짝놀이
  1. 짝꿍끼리 숫자 카드를 10장씩 나눠 갖고 가위바위보를 합니다.
  2. 진 사람은 자기 카드 더미 중 한 장을 뽑아서 짝꿍에게 카드 뒷면을 보여 줍니다.
  3. 짝꿍은 홀수인지, 짝수인지 맞힙니다.
  4. 정확하게 맞혔다면 카드를 빼앗아 올 수 있고, 틀렸다면 기회를 잃어버립니다.
     (* 틀린 경우 내 카드를 짝꿍에게 주어도 재밌습니다.)
  5. 제한 시간 동안 더 많은 카드를 가진 사람이 승리합니다.

2) 홀짝 다수결 놀이
  1. 모둠원끼리 각자 카드를 다섯 장씩 나눠 갖고, 카드 더미를 책상 가운데에 놓습니다.
  2. "하나, 둘, 셋" 구호와 함께 자기가 가진 카드 중 하나를 선택해서 뒷면이 보이도록 내려놓습니다.
  3. 다시 "하나, 둘, 셋" 구호와 함께 카드를 뒤집어 자기 숫자를 공개합니다.
  4. 짝수가 많으면 짝수를 낸 친구들이 1점을 얻고, 홀수가 많으면 홀수를 낸 친구들이 1점을 얻습니다. 만약 2:2로 홀수와 짝수가 비겼다면 아무도 점수를 가져가지 못합니다. 만약 모두 짝수를 내거나, 홀수를 냈다면 마음을 일치했기 때문에 보너스 점수까지 더해 2점을 갖고 갈 수 있습니다. 점수는 바둑알을 사용합니다.
  5. 제한 시간 동안 라운드를 진행하고 가장 높은 점수를 얻은 친구가 승리하게 됩니다.

(*수업 팁! 협동 게임으로도 진행해 보세요. 총 10번 중에 우리 모둠은 몇 번이나 만 장일치가 되는지 세어 보게 하면 승패가 나뉘지 않기 때문에 분위기가 더 좋아진답니다.)

- '11의 배수' 규칙도 변형해 보세요. 5학년 수학에서 배수를 배울 때 활용하면 참 좋습니다. 11의 배수가 아니라 8의 배수, 10의 배수, 12의 배수로 라운드마다 배수 규칙을 변경하면 게임에 다양한 변수가 생겨나기 때문에 서로의 눈치 싸움과 계산도 더욱 치열해집니다. 배수의 개념을 자연스럽게 이해하는 건 물론이죠. 배수를 말할 때 생명칩을 잃는 것이 아니라 생명칩을 얻는 규칙으로 바꿔도 재미있습니다.

- 나눗셈을 배울 때는 배수 규칙을 나눗셈 규칙으로 바꿔 주세요. "9로 나눴을 때 나누어 떨어지는 수" "12로 나눴을 때 나누어 떨어지는 수"로 용어만 좀 변형해도 연산을 활용하는 다양한 교과에서 활용 가능합니다. '로보77'은 덧셈뿐 아니라 홀수와 짝수, 곱셈, 나눗셈, 약수와 배수까지 공부할 수 있는 보드게임입니다. 게다가 쉬는 시간에도 아이들이 삼삼오오 모여 앉아 즐길 정도로 게임성도 충분하지요. 기회가 된다면 모둠 수만큼 구비해 두세요.

56 즐거운 혼합 계산, '파라오코드'

'로보77'이 저학년부터 고학년까지 모두 즐길 수 있는 게임이라면, '파라오코드'는 고학년 학생들이 즐길 수 있는 수 연산 게임입니다. 혼합 계산을 배운 5~6학년이라면 시간 가는 줄 모르고 플레이하며, 사칙연산을 아는 3~4학년도 조금 연습하면 어렵지 않게 할 수 있습니다.

'파라오코드' 설명 영상.

구성품 살피기

게임판, 30초 동안 떨어지는 모래시계, 팔면체, 십면체, 십이면체 주사위, 마지막으로 숫자 타일 48장입니다. 숫자 타일은 양면으로 되어 있는데 숫자 뒤에 그려져 있는 풍뎅이가 바로 점수입니다. 노란색, 파란색, 빨간색, 검은색 순으로 풍뎅이가 점점 더 많아지고, 타일 개수도 점점 줄어듭니다.

활동 순서

1. 먼저 게임을 준비합니다. 모둠별로 게임판을 펼치고 숫자 타일을 배치합니다. 노란색, 파란색, 빨간색, 검은색 순서로 1~4층에 타일을 놓습니다. 남은 숫자 타일 더미는 색깔별로 피라미드의 각 층 옆에 둡니다.
2. 주사위를 굴리면서 게임을 진행합니다. 1번 모둠원이 주사위 세

개를 한꺼번에 굴립니다. 모든 플레이어들은 주사위에서 나온 '두 개 이상의 숫자'로 계산식을 고안하여 게임판에 있는 숫자를 만듭니다.

예) 만약 주사위가 '10, 11, 6'이 나왔는데 게임판에 '5'가 있다면 "11-6=5"라고 하면서 게임판에 있는 '5' 숫자 타일을 가져갈 수 있습니다.

3. 숫자 타일을 가장 먼저 가져간 사람이 모래시계를 뒤집습니다. 모래시계가 다 떨어지는 30초 동안 다른 모둠원들은 남은 숫자 타일을 가져갈 수 있는 또 다른 연산식을 생각해 봅니다.

예) '10, 11, 6'이 나온 상태에서 게임판에 '7'이 있다면 "11-10+6=7"이라고 하며 숫자 타일을 가져갈 수 있습니다.

4. 만약 타일에 손을 대고 계산식을 말하는데 오류가 생긴 경우, 숫자 타일을 다시 갖다 놓는 것이 아니라 그대로 자기 앞에 가져가서 뒤집어 놓습니다. 뒤집어 놓은 카드에 있는 풍뎅이 수만큼 나중에 점수가 감점됩니다.

5. 모래시계가 다 떨어졌거나 모든 플레이어가 숫자 타일을 가져가면 라운드가 끝납니다. 플레이어들은 자신이 생각한 정답이 실제 정답인지 증명해야 합니다.

6. 빈칸에 새 타일을 채우고 2번 모둠원이 이어서 주사위를 던집니다. 위와 같은 방식으로 진행하다 어떤 층의 타일이 모두 떨어져서 더 이상 빈칸을 채울 수 없는 경우 그 즉시 게임이 끝나게 됩니다.

7. 풍뎅이 숫자를 모두 더했을 때 가장 많은 풍뎅이를 모은 사람이 승리합니다.

행복한 김선생의 수업 톡!톡!

● '파라오코드'는 사칙 연산과 혼합 계산을 공부하고 연습할 때 아주 좋은 보드게임입니다. 처음부터 모둠별 게임으로 적용해도 무리가 없지만, 선생님이 전체 진행을 하면서 혼합 계산식을 충분히 써 보고 연습한 뒤 플레이하면 더욱 좋습니다. 전체 진행 순서는 다음과 같습니다.
1. 실물 화상기로 게임판과 주사위를 비춘 뒤, 선생님이 주사위를 굴립니다.
2. 학생들은 선생님이 굴린 주사위를 확인하고 제한 시간 1분 동안 게임판의 숫자를 만들 수 있는 혼합 계산식을 활동지에 정리합니다.
3. 1분이 지났으면 어떤 숫자를 만들었는지 짝꿍과 확인합니다.
4. 계산이 맞았다면 점수를 적습니다. 노란색 숫자 타일은 1점, 파란색은 3점, 빨간색은 5점, 검은색은 7점을 얻습니다.
5. 라운드가 끝나면 타일을 교체하고 다시 혼합 계산식을 연습합니다.
　이렇게 진행하면 학생들이 단순히 문제를 푸는 방식보다 훨씬 재미를 느낄 뿐 아니라 더 높은 점수를 얻기 위해서 다양한 혼합 계산식을 활용하는 모습을 볼 수 있습니다.

● 모둠 개수만큼 '파라오코드'를 사기 부담스러운 경우에는 한 개만 활용해서 모둠 대결로 진행해 보세요.
1. 선생님 책상 위에 게임을 세팅합니다.
2. 게임판의 숫자를 칠판에 크게 적고, 실물 화상기로 주사위를 굴립니다.
3. 제한 시간 2분 동안 모둠에서는 힘을 합쳐 게임판의 숫자를 만들 수 있는 최대한 많은 혼합 계산식을 보드에 적습니다.
4. 2분이 지나면 모둠별로 찾아낸 혼합 계산식을 발표합니다. 맞은 혼합 계산식만큼 점수를 얻습니다. 노란색 숫자 타일은 1점, 파란색은 3점, 빨간색은 5점, 검은색은 7점을 부여합니다.
5. 마지막 라운드 동안 최종 점수가 가장 높은 모둠이 승리합니다.

● 이렇게 전체 진행을 통해 게임에 충분히 익숙해진 뒤, 여유가 된다면 모둠별로 '파라오코드'를 나눠 주고 게임을 즐겨 보라고 해 주세요. 규칙을 잘 아는 만큼 학

생들이 더 행복하게 게임을 즐기는 표정을 볼 수 있습니다. 연산 수업은 지겹고 어렵다는 편견에서 벗어나 수학 그 자체를 게임처럼 즐기는 학생들을 보며 은근한 뿌듯함을 느낄 수 있을 겁니다.

57 빠르게 움직여요, '숲속의 음악대'

'숲속의 음악대'는 빠른 스피드와 정확한 행동을 요구하는 집중력 게임입니다. 가만히 앉아만 있는 것이 아니라 손뼉도 치고, 책상도 내려쳐야 하며, 의자에서 일어나기까지 해야 하죠. 조금 소란스럽기는 하지만 까르르 웃는 아이들의 웃음소리가 내내 그치지 않는 게임이기도 합니다.

'숲속의 음악대' 설명 영상.

구성품 살피기

숲속 토끼들이 모여서 우당탕탕 음악대를 결성한다는 게임 설정에 따라 총 110장의 카드에는 열정 하나로 음악대에 모인 토끼들의 모습이 유머러스하게 표현되어 있습니다. 다양한 악기들을 살펴볼 수 있는 것은 물론입니다. 우선 이 음악대를 이끄는 지휘자를 중심으로 북, 첼로, 피아노, 튜바, 트라이앵글, 하프, 바이올린, 심벌즈, 플루트와 노래를 담당하는 가수까지 찾아볼 수 있죠. 이 카드 중 일부는 게임을 진행하면서 특별한 동작들을 요구하게 됩니다.

활동 순서

1. 게임 방법은 단순합니다. 모든 모둠원은 카드를 잘 섞어 똑같은 개수로 나눠 가집니다. 남은 카드는 책상 한쪽에 치워 둬도 괜찮습니다.
2. 게임 준비가 끝났다면 1번 모둠원부터 시계 방향으로 돌아가며 카

드를 한 장씩 뽑아 카드 앞면을 모두가 볼 수 있도록 책상 가운데에 놓습니다. 돌아가면서 카드를 뽑다가 아래의 특정 카드가 나왔을 때, 그 카드가 요구하는 행동을 해야 합니다.

지휘자	모든 플레이어는 책상에서 일어섰다 앉습니다.
북	모든 플레이어는 책상을 양손으로 칩니다.
심벌즈	모든 플레이어는 손뼉을 칩니다.
가수	모든 플레이어는 귀를 막았다 뗍니다.

3. 만약 누가 봐도 행동을 늦게 하거나 아예 하지 않았다면 지금까지 앞면이 공개된 모든 카드를 자기 카드 더미로 가져갑니다. 즉, 지금까지 깔린 카드가 벌점 카드가 되는 것입니다. 이 게임은 자기 앞에 놓인 카드 더미를 빨리 털어 내는 사람이 1등을 차지하게 됩니다.

4. '숲속의 음악대'가 재밌는 점은 1등이 결정되었다고 해서 게임이 즉시 종료되는 것은 아니라는 것입니다. 카드를 모두 털어 낸 1등 친구는 그때부터 게임의 '방해꾼'이 됩니다. 다른 플레이어가 헷갈리도록 1등은 계속 '속이는 동작'을 취합니다. 엉뚱한 카드에서 갑자기 일어선다거나, 가수 카드가 나왔는데 손뼉을 친다거나 하는 방해를 하다 보면 다른 플레이어들은 얼떨결에 1등의 속이는 동작을 따라 하는 실수를 범하게 됩니다. 그러면서 게임의 재미는 더 깊어지게 되지요.

5. 1등의 방해를 뚫고 2등 플레이어까지 결정되면 게임은 마무리됩니다.

> 행복한 김선생의 수업 톡!톡!

● '숲속의 음악대'는 학생들이 짧은 시간에 최고의 집중력을 발휘하며 참여하는 보드게임 중 하나입니다. 특히 몸을 움직이기 때문에 아이들이 더욱 좋아하는 게임이기도 하지요. 다만, 게임을 소개할 때 바로 시작하기보다는 지금 소개하는 몇 가지 활동을 먼저 하면 더 의미 있는 활동이 가능합니다.

1) 악기 소리 듣고 악기 맞히기

'숲속의 음악대'에는 악기가 아홉 개 등장합니다. 그냥 '이런 악기가 있다' 하고 가볍게 넘어가기보다는 악기 소리를 먼저 들어 보면 좋습니다. 학생들에게 악기 소리를 하나 들려주고, 카드에 그려진 악기 중 어떤 악기인지 맞혀 보게 합니다. 정답을 확인하고 난 뒤에는 악기 연주 영상을 함께 시청합니다. 평소에는 지루해하던 악기 연주도 보드게임과 연계하면 훨씬 집중해서 잘 듣습니다. 자연스러운 음악 감상이 이뤄지는 셈이죠.

실제 악기 모양과 카드 속 악기 모양도 비교해 보는 활동도 해 보세요. 이 또한 그냥 눈으로 보고 넘어가기보다 아이스크림 윗지의 '싹싹 지우개'(298쪽 참고) 같은 온라인 도구를 활용하면 훨씬 재밌습니다. 악기의 일부만 보여 주고 어떤 악기인지 추측하고 난 뒤 전체 모양을 공개하는 방식입니다. 그리고 카드 속 악기 모양과 비교해 봅니다. 이런 작은 설정들이 학생들이 더욱 악기에 관심을 두고 의미 있게 게임을 즐길 수 있는 밑바탕이 됩니다.

2) 전체 연습하기

게임 규칙을 소개할 때에도 다 같이 전체 연습을 해 봅니다. 저학년일수록 이 단계가 필수적으로 필요합니다. 실물 화상기나 PPT 화면을 활용해서 선생님이 카드를 제시하고 학생들은 그 카드에 맞는 행동을 연습해 봅니다. 실수하는 학생이 있다면 어떤 부분이 어려웠는지 물어보고, 다시 연습합니다. 바로 시작하는 것보다 이렇게 충분한 연습을 거치면 학생 간 수준이 어느 정도 비슷해지므로 게임이 더욱 치열하고 박진감 있게 흘러가게 됩니다.

3) 규칙 변형하기

'숲속의 음악대'를 충분히 즐겨서 일정 수준 이상으로 익숙해졌다면 규칙을 변형하거나 추가해 봅니다. 게임을 즐기는 것을 넘어서 게임을 재창조하는 수준까지 다다르면 말 그대로 '놀이의 고수'가 된 것이거든요. 기존에 있었던 행동을 다른 행동으로 바꿔 봐도 재밌고요, 혹은 기존 규칙은 그대로 둔 상태에서 새로운 행동을 추가해도 좋습니다. 이렇게 약간의 변형만 거쳐도 게임의 양상이 완전히 달라지기 때문에 예상치 못한 재미가 곳곳에서 터져 나오게 됩니다.

4) 그림책과 버무리기

'숲속의 음악대'를 그림책 독후 활동의 책놀이로 활용해도 좋습니다. 음악대를 다룬 그림책 중 유설화 작가가 쓰고 그린 『밴드 브레멘』(책읽는곰, 2018)은 상당히 대중적인 작품이죠. '브레멘 음악대'를 패러디한 이야기로, 인간들에게 고통받은 동물들이 좋은 사람들을 만나 음악으로 상처를 회복한다는 내용입니다. 이 그림책을 읽고 난 뒤에 "밴드 브레멘처럼 동물 음악대를 만든 토끼들도 있단다. 이 친구들을 만나 볼래?" 하면서 '숲속의 음악대'를 꺼내면 학생들의 눈이 더욱 반짝반짝해집니다. 진지한 독후 활동도 좋지만 때로는 가볍게 그림책을 만나고 즐겁게 활동을 즐길 수 있는 시간과 공간을 열어 두었으면 좋겠습니다.

58 빠르고 정확하게 그려요, '캐치 스케치'

고학년으로 올라갈수록 실력이 확연하게 차이 나기 시작하는 교과가 바로 미술입니다. 그래서 몇몇 학생은 그림 그리기에 거부감을 드러내거나 재능이 없다며 자포자기하는 모습을 보이기도 합니다. 하지만 돌이켜 보면 우리 모두는 그림 그리기를 원래부터 좋아

'캐치 스케치' 설명 영상.

했습니다. 어린아이들을 떠올려 보세요. 언제나 손에 크레파스를 쥐고 무엇인가를 끄적인 뒤에 자기 그림을 보며 좋아하잖아요. 이런 경험을 되살릴 수 있는 가장 쉬운 방법이 바로 '그림놀이'입니다. 지금 소개하는 '캐치 스케치'가 바로 이 조건에 딱 맞는 보드게임입니다.

구성품 살피기

그림놀이답게 보드판과 마커, 1부터 5까지 쓰여 있는 순서 토큰, 마지막으로 여러 가지 단어가 적힌 단어 카드 100장이 들어 있습니다.

활동 순서

1. 각자 보드판 한 개와 마커 한 개를 가져옵니다. 단어 카드를 무작위로 섞어 더미를 만듭니다.
2. 순서 토큰을 책상 가운데, 모둠원 모두의 손이 잘 닿는 곳에 둡니다. 숫자 1, 2가 적힌 토큰만 앞면으로 놓고 나머지 토큰은 뒷면으로 놓습니다. 순서 토큰은 모둠 인원보다 하나 적은 수만큼 둡니다.

4인 1모둠 기준으로 3까지만 활용합니다.

3. 1번 모둠원부터 대답꾼이 됩니다. 대답꾼은 눈을 감고 단어 카드 더미 맨 위에서 카드 한 장을 뒤집어 다른 모둠원들이 확인할 수 있게 합니다.
4. 모둠원은 단어를 확인하고 각자 보드판에 해당 주제어를 그림으로 표현합니다.
5. 그림 그리기를 가장 먼저 마친 사람이 숫자 1 토큰을 가져갑니다. 자기 보드판은 뒤집어 놓습니다.
6. 두 번째로 그림 그리기를 마친 사람이 숫자 2 토큰을 가져가면서 "그만!"이라고 외칩니다. 나머지 모둠원들은 즉시 그림 그리기를 멈추고 남은 순서 토큰을 무작위로 가져갑니다. 모두 자기 보드판은 대답꾼이 보지 못하게 뒤집어 놓습니다.
7. 1번 토큰을 가져간 사람부터 그림을 공개합니다. 대답꾼은 그림을 보고 정답을 맞힙니다. 만약 맞히지 못했다면 순서대로 그림을 공개하고 다시 한번 맞혀 봅니다. 정답을 맞혔다면 정답을 그린 사람과 함께 점수를 얻고, 마지막까지 아무도 맞히지 못한 경우 점수를 얻지 못한 채 차례를 마칩니다. 점수표는 다음과 같습니다.

3인 게임	첫 번째 그림을 보고 정답을 맞힌 경우: 3점씩 획득
	두 번째 그림부터 정답을 맞힌 경우: 1점씩 획득
4인 이상 게임	첫 번째 그림을 보고 정답을 맞힌 경우: 3점씩 획득
	두 번째 그림을 보고 정답을 맞힌 경우: 2점씩 획득
	세 번째 그림부터 정답을 맞힌 경우: 1점씩 획득

8. 위와 같은 방법으로 차례차례 게임을 진행합니다. 누군가의 점수가 20점 이상이 되면 게임이 끝납니다. 가장 많은 점수를 얻은 사람이 승리합니다.

> **행복한 김선생의 수업 톡!톡!**
>
> ● 보드게임을 모둠별로 모두 구매하기 힘든 경우 보드판을 씽킹보드로, 순서 토큰을 번호 자석 또는 색 자석(빨강 1번, 주황 2번, 노랑 3번, 초록 4번 등)으로 대체하여 활용합니다. 게임 규칙은 '캐치 스케치'와 똑같이 진행하되, 단어를 제시할 때 선생님이 각 모둠의 대답꾼을 제외한 전체에게 공개해 주세요.

59 내 그림을 기억해요, '스크리블 타임'

'캐치 스케치'만큼 스피드와 정확도가 생명인 그림 보드게임이 하나 더 있습니다. 게다가 기억력까지 총동원해서 즐겨야 하는 게임이죠. 바로 '스크리블 타임'입니다. 난이도가 상당히 높은 만큼 스릴도, 성공의 재미도 큰 게임이지요.

'스크리블 타임' 설명 영상.

구성품 살피기

'스크림블 타임'의 구성품은 매우 단순합니다. 한 장에 10개의 단어가 적혀 있는 양면 단어 카드와 20칸짜리 표가 그려진 워크시트지, 탁상용 종이 구성품의 전부입니다.

활동 순서

1. 모둠원이 각자 워크시트지를 나눠 갖습니다. 단어 카드는 더미를 만들어 책상 가장자리에 두고, 탁상용 종은 책상 가운데에 둡니다.
2. 1번 모둠원이 첫 번째 출제자가 됩니다. 카드 더미 맨 위에서 카드 두 장을 뽑아 위아래로 나란히 배치합니다. 이때 카드는 앞뒷면 상관없이 원하는 방향으로 둡니다.
3. 출제자는 카드 두 장에 있는 20개의 단어를 모둠원들에게 읽어 줍니다. 이때, 한 단어당 1초 정도의 시간 간격을 두고 빠르게 읽어 나갑니다.

예) 1번 구름 (1초 쉬고) 2번 선풍기 (1초 쉬고)

4. 모둠원들은 출제자가 읽어 주는 단어를 들으며 워크시트에 있는 표 안에 순서대로 단어를 알아볼 수 있게 그림을 그립니다. 이때 글자, 숫자, 문자는 절대 적지 않도록 합니다. 출제자가 단어를 모두 읽었다면 그 즉시 그림 그리기를 멈춥니다.

5. 출제자는 각 모둠원에게 돌아가면서 문제를 냅니다.

   예) "3번 단어는 뭐야?"

6. 모둠원은 자신의 그림을 보고 단어를 맞힙니다. 만약 맞혔다면 2점을 얻습니다.

7. 답을 맞혀야 하는 모둠원이 답을 틀리는 경우, 답을 아는 다른 모둠원은 종을 치고 답을 말합니다. 정답이라면 1점을 얻습니다. 만약 종을 쳤는데 틀렸다면 –1점이 됩니다. 출제자는 게임 결과에 따라(전부 맞힘: -3점 / 절반 넘게 맞힘: +3점 / 절반 이하 맞힘: 0점) 점수를 얻습니다.

8. 출제자가 모든 모둠원에게 두 번씩 문제를 내고 난 뒤, 점수를 계산합니다.

9. 위와 같은 방법으로 돌아가며 출제자 역할을 하고, 점수의 총합이 가장 높은 사람이 승리합니다.

행복한 김선생의 수업 톡!톡!

● 보드게임을 모둠별로 모두 구매하기 힘든 경우 20칸짜리 표가 그려진 활동지와 단어 목록표만 간단히 제작해서 진행해도 무방합니다.

● 게임에 익숙해졌다면 난이도를 높여도 좋습니다. 그림 그리기까지는 기본 규칙과 동일하나, 답을 맞힐 때 시계 방향으로 워크시트지를 넘깁니다. 다른 사람의 그림을 보고 단어를 맞히면 재미가 더해집니다. 점수 계산 방식도 약간 달라집니다. 내가 맞힌 경우 2점을 얻고, 내 그림을 보고 친구가 단어를 맞힌 경우에도 1점을 얻을 수 있습니다.

● 4학년 사회 수업에서 지도 기호의 필요성을 공부할 때 활용해도 좋은 게임입니다. 제각각 다른 이미지로 단어와 물건을 표현하면 알아보기 쉽지 않다는 사실을 통해 모두가 알아볼 수 있는 통일성 있는 기호의 중요성을 강조할 수 있습니다. 이 외에도 각 교과에서 정리해야 하는 핵심 단어나 개념을 그림놀이와 융합하여 살펴봐도 좋습니다.

수업활동 ❼

배움에 활기를 더하는 수업놀이

수업놀이는 이미 책, 인터넷, 각종 커뮤니티를 통해 폭넓은 대중화와 일반화를 거친 수업 방법입니다. 수업의 분위기를 환기하고 집중력을 높이는 데 수업놀이만큼 효과적인 방법이 없고, 전 연령이 모두 선호하는 활동 역시 수업놀이를 첫손에 꼽아야 할 정도죠. 덕분에 수업놀이는 지금 이 순간에도 끊임없이 만들어지고 보급되고 있습니다.

　이번 장에는 교육 현장에 쏟아진 수많은 수업놀이 중 가장 쉽고 빠르게 준비할 수 있으면서 다양한 교과에 폭넓게 적용할 수 있는 18가지 수업놀이를 엄선해서 정리했습니다. 여기에서 소개하고 있는 놀이만 충실히 잘 구현해도 선생님의 수업은 훨씬 더 풍성하게 변화할 것입니다. 간단하고 단순한 빙고게임부터 약간의 준비를 통해 고도의 몰입감을 경험하는 놀이까지, 수업에 활기를 더하는 수업놀이의 세계로 다 함께 빠져 보시죠.

60 전 학년이 즐기는 '빙고 게임'

빙고는 저학년부터 고학년까지, 어느 교과 어느 활동이든 손쉽게 적용할 수 있는 가장 기초적이고 기본적인 수업놀이입니다. 쉽게 싫증 내지 않고 언제 해도 간단하고 기분 좋게 할 수 있는 활동이기도 하지요. 빙고의 기본 형태는 3x3, 4x4, 5x5처럼 정사각형 모양으로, 돌아가며 단어를 불러 네 줄 또는 다섯 줄 빙고를 만드는 것이 목적입니다. 기본 형태에 익숙해지면 다양한 형태와 규칙을 적용해 보세요.

① 피라미드 빙고

활동 순서

피라미드 빙고는 말 그대로 피라미드 형태의 빙고틀을 활용하는 빙고입니다. 빙고틀에 변화를 줌으로써 게임에 재미를 더할 수 있지요. 특히 국어 시간에 긴 지문을 읽고 핵심 주제어나 등장인물을 정리할 때 좋은 활동이기도 합니다. 피라미드 빙고 게임의 규칙은 두 가지입니다.

◇ 쉬운 규칙

1. 오늘 배운 내용 중 핵심 단어 10개 또는 15개를 골라 피라미드 빙고판에 채웁니다.
2. 모두 채웠다면 돌아가며 단어를 부르고 지웁니다.
3. 1층부터 5층까지 세로로 한 줄을 이었다면 "빙고!"를 외칩니다.

4. 적정 인원이 빙고를 부를 때까지 게임을 진행합니다.

◇ 어려운 규칙

1. 오늘 배운 내용 중 핵심 단어 10개 또는 15개를 피라미드 빙고판에 채웁니다. 이때, 가장 중요한 단어부터 피라미드의 가장 높은 칸에 쓰도록 합니다.
2. 모두 채웠다면 첫 번째 사람부터 단어를 부릅니다. 아무 단어나 부르는 것이 아니라 가장 높은 칸의 단어부터 불러야 합니다. 만약 친구가 부른 단어가 자신의 빙고판 가장 높은 칸에 적혀 있지 않다면 지울 수 없습니다.
3. 위와 같은 방법으로 위에서부터 아래로 내려오며 단어를 지워 나갑니다.
4. 가장 먼저 1층부터 5층까지 세로로 한 줄을 이었다면 "빙고!"를 외칩니다.
5. 적정 인원이 빙고를 부를 때까지 게임을 진행합니다.

② 찢기 빙고

활동 순서

찢기 빙고는 양 끝의 단어를 제거하는 빙고입니다.
1. A4 용지 반 장을 자른 다음 세 번 접어 여덟 칸을 만들고 각 칸에 오늘 공부한 핵심 단어를 적습니다.
2. 돌아가면서 단어를 부릅니다. 이때, 내 빙고판의 양 끝에 있는 단어

만 부르면서 찢을 수 있습니다. 예를 들어, 친구가 "선덕여왕"이라고 했는데 내 빙고판 양 끝 중 한 곳에 '선덕여왕'을 적었다면 찢어서 제거합니다. 해당 단어가 없거나, 썼더라도 가운데에 위치해 있다면 찢을 수 없습니다.
3. 위와 같은 방법으로 모든 단어를 가장 먼저 찢는 사람이 승리합니다.

③ 퀴즈 빙고

활동 순서

퀴즈 빙고는 찢기 빙고 형태를 활용하되, 단어를 부르는 규칙만 변형한 것입니다.
1. 찢기 빙고와 마찬가지로 A4 용지 반 장을 여덟 칸으로 접어 핵심 단어를 씁니다.
2. 단어를 부를 때 단어를 직접적으로 알려 주는 것이 아니라 단어가 나오도록 퀴즈를 냅니다.

예) '식물의 잎'과 관련된 글을 읽고 '어긋나기'라는 단어를 썼다고 가정해 보겠습니다. 단어를 부르는 학생은 자기 차례에 "어긋나기"라고 하는 대신에, "줄기마다 잎을 피우되 서로 어긋나게 피우는 방법은?"이라고 친구들에게 퀴즈를 내야 합니다. 퀴즈를 들은 학생들은 "어긋나기!"라고 대답하고, '어긋나기'를 찢을 수 있습니다.
3. 위와 같은 방법으로 모든 단어를 가장 먼저 찢는 사람이 승리합니다.

> 행복한 김선생의 수업 톡!톡!

● 이 활동의 핵심은 내가 쓴 단어가 나올 수 있도록 문제를 낸다는 데 있습니다. 이를 통해서 문제를 내는 사람도, 문제를 듣는 사람도 한 번 더 고민하고 생각하는 시간을 보내게 되는 것이죠. 문제를 낸다는 것은 그 단어에 대해 정확하게 알고 있는 것을 넘어 누군가에게 설명을 한다는 의미이기 때문에 '메타인지' 학습법으로서 확실한 효능을 갖게 됩니다. 다만, '퀴즈 빙고'를 할 때는 학생들의 부담을 덜어 주기 위해 많은 단어를 쓰는 형태보다 핵심 단어를 여섯 개에서 여덟 개 정도 적는 찢기 빙고 형태가 적합합니다.

④ 모둠 빙고

활동 순서

모둠 빙고는 협동학습을 기반으로 한 모둠활동입니다.

1. 4인 1모둠 기준으로 한 모둠에 공부한 내용을 확인할 수 있는 문제 카드를 16개 나눠 줍니다.
2. 모둠원이 각각 네 문제씩 나눠 갖고 문제를 해결합니다.
3. 문제를 모두 해결했다면 정답이 맞는지 모둠원끼리 교차 확인합니다.
4. 정답이 맞는지 확인하고 난 뒤, 4x4 빙고판에 문제 카드를 배치해서 붙입니다. 이때, 1번부터 순서대로 붙이는 것이 아니라 일반 빙고처럼 무작위로 섞어 두어야 합니다.
5. 모둠별로 돌아가며 문제 번호와 정답을 부릅니다. 정답이 맞았다면 문제를 지울 수 있습니다.
6. 세 줄 빙고를 먼저 만드는 모둠이 승리합니다.

행복한 김선생의 수업 톡!톡!

- '모둠 빙고'는 문제를 푸는 개개인의 책무를 강조하는 동시에 함께 문제를 배치하고 정답을 지워 가는 협동성을 강조함으로써 아무도 무임승차하지 않도록 도울 수 있습니다.

61 움직이며 외우는 '찍고 달려'

수업의 지루함을 가장 빨리 해소할 수 있는 방법은 학생들을 자리에 일으켜 세우는 것입니다. 의자에서 엉덩이를 떼는 순간 분위기를 새롭게 만들 수 있으니까요. 지금 소개하는 '찍고 달려'가 바로 그런 놀이입니다. 이름에서 이미 느껴지다시피 굉장히 역동적인 놀이거든요. 어떤 교과든 활용할 수 있지만 특히 암기할 내용이 많은 사회와 과학 교과와 연계하기에 유용한 놀이입니다.

활동 순서

1. 오늘 수업 내용을 확인하는 문제를 8~10개 정도 준비합니다. 각 문제를 A4 용지에 잘 보이게 한 장씩 출력해서 칠판에 붙입니다.
2. 학생들과 어떤 문제가 있는지 답은 무엇인지 전체적으로 확인하는 시간을 보냅니다. 학생들은 공부한 내용을 되새기면서 문제의 정답을 확인합니다.
3. 문제와 정답을 확인했다면 놀이를 시작합니다. 학생들을 두 팀으로 나눕니다.
4. 각 팀 주자 순서를 결정합니다. 순서를 결정했다면 칠판에 있는 문제 양 끝에 일렬로 섭니다. 만약 A팀과 B팀으로 나눴다면 A팀은 왼쪽, B팀은 오른쪽 끝에 일렬로 서면 되겠죠. 문제와는 두세 걸음 정도 떨어져 있는 것이 좋습니다.

5. 준비가 됐다면 선생님이 "준비, 시작!" 하고 신호를 줍니다. 양 팀의 첫 번째 주자부터 문제를 하나씩 짚어 가면서 답을 큰 소리로 외치며 최대한 빠르게 전진합니다.
6. 각 팀 주자들이 양 끝에서 문제를 풀며 전진하다가 같은 문제에서 만나면 가위바위보를 합니다. 이긴 사람은 계속 전진할 수 있고, 진 사람은 자기 팀 줄 맨 끝으로 갑니다.
7. 진 팀의 다음 주자는 재빨리 나와서 문제를 풉니다. 다른 팀 주자가 전진하지 못하도록 최대한 막아야 우리 팀에 유리합니다.
8. 각 팀의 맨 끝 문제는 '결승선' 역할을 합니다. 결승선에 도착한 주자는 문제를 풀고 난 뒤 상대팀의 다음 주자와 마지막 승부를 건 가위바위보를 합니다.
9. 가위바위보에서 승리하면 1승을 거둡니다. 만약 실패한다면 안타깝게도 자기 팀 맨 끝으로 돌아가야 합니다.
10. 제한 시간 동안 승리를 더 많이 한 팀, 혹은 3판 2선승제로 두 번 먼저 승리를 거둔 팀이 최종 우승합니다.

행복한 김선생의 수업 톡!톡!

● 이 놀이의 장점은 바로 개인 책무성과 집중도 향상입니다. 각 팀의 팀원들이 무임승차를 할 수 없는 구조이기 때문에 모든 학생들은 집중력 있게 놀이 상황을 지켜봅니다. 우리 팀이 탈락했을 경우, 누구보다 재빠르게 뛰어나가야 하기 때문입니다. 이 과정에서 저절로 문제를 살피고 정답을 머릿속으로 되새기며 잘 모르는 문제는 팀원들에게 도움을 구해서 공부하게 됩니다. 나 때문에 우리 팀이 궁지에 몰리면 안 되니까요.

- 또 한 가지 장점은 자연스러운 암기입니다. 이 놀이는 가위바위보라는 복불복 요소 때문에 생각보다 빠르게 자신의 차례가 돌아오게 됩니다. 똑같은 문제를 몇 번이나 풀고 또 풀면서 자연스럽게 공부한 내용을 머릿속에 집어넣게 되는 것입니다. 수업 시간에 지루하게 하는 암기가 아닌 재밌게 놀기 위해 필사적으로 달려드는 암기라 그 효과는 훨씬 더 오래갑니다.

- 이 놀이는 가위바위보만 잘해도 어느 정도의 방어가 가능한지라 학습 수준이 다소 떨어지는 친구들의 부담도 덜한 편입니다. 방어만 잘해도 팀의 영웅이 될 수 있을 정도입니다. 게다가 앞서 설명한 것처럼 체육 시간만큼이나 열심히 뛰고 찍는 움직임이 포함되어 있어 수업에 역동성을 부여할 수 있습니다. 다만, 자칫하면 소란스러워질 수도 있으니 주자를 제외한 나머지는 최대한 조용히 해야 한다고 미리 안내합니다.

- 퀴즈 형식 외에 사진이나 그림을 활용해도 좋습니다. 사회라면 역사적 인물 이름 말하기, 공공기관 이름 말하기, 우리 지역 문화재 이름 말하기, 촌락과 도시 문제 이야기하기 등에서 활용할 수 있고 과학이라면 동물 이름 말하기, 식물 이름 말하기, 태양계 행성 이름 말하기, 별자리 이름 말하기 등에 적용할 수 있습니다.

62 누구나 부담 없이, '복불복 선택 놀이'

우리가 수업놀이를 활용하는 가장 큰 이유는 학습 수준과 관계없이 모두가 즐겁게 수업에 참여할 수 있는 디딤돌을 놓기 위함입니다. 그래서 '복불복' 요소를 강하게 집어넣어 자연스러운 학습을 유도하는 것은 수업놀이의 기본 전략 중 하나로 자리매김해 왔죠. '복불복 선택놀이'도 이 전략을 사용한 놀이로서 폭넓은 활용도와 스피드한 진행이 장점입니다.

활동 순서

1. 선생님이 오늘 공부한 내용을 확인하는 문제를 제시합니다.
2. 학생들은 1번과 2번 중 하나를 선택해서 이동합니다. 1번이라면 교실 왼쪽으로, 2번이라면 교실 오른쪽으로 움직입니다.
3. 선생님이 정답을 공개합니다.
4. 정답을 맞힌 사람은 10점을 얻습니다.
5. 위와 같은 방법으로 8~10라운드를 진행한 뒤, 모둠으로 돌아가 모둠원의 점수를 합산합니다.
6. 합계 점수가 가장 높은 모둠이 승리합니다.

행복한 김선생의 수업 톡!톡!

● 복불복 요소는 유지한 채로 규칙을 약간씩 변형하면 다양한 형태의 수업놀이를 진행할 수 있습니다.

1) 임금님과 텔레파시
   1. 왕을 한 명 뽑습니다. 왕은 앞으로 나옵니다.
   2. 선생님이 화면에 두 가지 문제를 제시합니다. 왕을 포함한 모든 학생들은 두 가지 문제 중 하나를 선택해 문제를 풀고 답을 적습니다.
   3. 모두 답을 적었다면 1번 문제를 푼 사람은 앉아 있고, 2번 문제를 푼 사람은 일어나게 합니다. (누가 어떤 문제를 풀었는지 확인하기 위함입니다.)
   4. 임금님이 자신이 푼 문제와 정답을 발표합니다.
   5. 임금님과 같은 문제를 풀었고, 정답을 맞혔다면 10점을 얻습니다. 이때 임금님도 10점을 얻습니다.
   6. 다음 라운드에는 새로운 임금님으로 교체하여 진행합니다.
   7. 위와 같은 방법으로 8라운드를 진행하고 가장 높은 점수를 얻은 사람이 승리합니다.
      (*복불복 형식으로 진행되는 특성상 정답을 다 맞히고도 0점을 얻게 되는 경우가 있을 수 있습니다. 그런 친구들이 많이 생기지는 않지만 오히려 복불복의 묘미라 괜찮습니다. 학업 성취도가 낮은 학생들이 점수를 얻을 수 있는 활동인 만큼 분위기는 더 좋은 편입니다.)

2) 복불복 주사위 점수 퀴즈
   1. '복불복 선택 놀이'와 같은 방법으로 문제를 내고 풉니다.
   2. 정답을 맞힌 사람들은 점수를 가져갑니다. 단, 주사위의 눈에 맞는 점수를 가져가야 합니다.
      예) 1: 10점, 2: 20점, 3: 5점, 4: -5점, 5: 30점, 6: -10점
   3. 8라운드까지 진행하고 가장 높은 점수를 얻은 사람이 승리합니다.

63 운과 실력의 결합, '소수결 OX 퀴즈'

OX 퀴즈는 형성 평가 중에서도 가장 단순한 형태의 평가 방식입니다. 하지만 이를 교실놀이와 접목하면 훨씬 더 흥미진진하고 재밌게 풀어 나갈 수 있습니다. '소수결 OX 퀴즈'는 어떤 교과든 OX 문제만 만들 수 있다면 언제든지 적용할 수 있는 수업놀이입니다.

활동 순서

1. 모둠별로 포스트잇 여덟 장을 가지고 갑니다. (4인 1모둠 기준)
2. 각자 포스트잇 두 장을 나눠 갖고, 오늘 공부한 내용을 복습하면서 OX 퀴즈 문제를 냅니다. 각 모둠원의 문제가 중복되어도 무방합니다. 단, 한 문제의 정답은 O, 다른 문제의 정답은 X가 될 수 있도록 출제합니다.
3. 문제를 다 냈다면 포스트잇을 두 번 접어 교실 앞 바구니에 넣습니다. 모든 모둠의 문제가 모이면 선생님이 문제를 잘 섞습니다.
4. 각 모둠 1번이 일어나서 바구니에서 문제를 두 장 뽑아 옵니다.
5. 두 장 중 문제 하나를 고릅니다. 모둠원이 힘을 합쳐 문제의 정답을 찾습니다.
6. 모든 모둠이 정답을 찾았다면 "하나, 둘, 셋" 소리와 함께 자기 모둠의 정답(O 또는 X)을 몸으로 표시합니다. 각자 선택한 문제를 읽고 정답이 맞는지 확인합니다.

7. '소수결 OX 퀴즈'이므로 소수인 모둠이 점수를 가져갑니다.

    예) O를 든 모둠이 4모둠, X를 든 모둠이 2모둠이면 X를 든 모둠이 각각 10점씩 점수를 얻습니다.

8. 위와 같은 방식으로 8라운드를 진행해서 가장 높은 점수를 얻은 모둠이 승리합니다.

행복한 김선생의 수업 톡!톡!

- 놀이에 익숙해지면 점수 규칙을 아래와 같이 바꿔서 더 흥미진진하게 진행할 수도 있습니다.
    1. 한 라운드당 총점수는 60점입니다. 소수결에 성공한 모둠이 60점을 나눠 갖습니다.
    2. 예를 들어 유일하게 한 모둠만 소수결에 성공했다면 60점을 모두 가져갑니다. 두 모둠이 소수결에 성공했다면 60점을 반으로 나눠 가져갑니다. O와 X의 비율이 3:3인 경우 모든 모둠이 10점씩 가져갑니다.
    3. 만약 모두가 O거나 X인 경우가 나왔다면 만장일치 보너스를 받습니다. 만장일치 보너스의 경우 모둠 대표가 나와 주사위를 던지고 '주사위 눈×10'만큼 점수를 획득합니다.

- 문제를 맞히는 것만큼 중요한 활동이 문제를 내는 활동입니다. 핵심 개념과 내용을 잘 담아서 문제를 낼 수 있도록 독려해 주세요.

64. 오답을 피하라, '도둑잡기'

학습 내용에 관한 문제를 보고 정답과 오답을 판단하는 과정은 학습 과정에서 매우 중요한 단계 중 하나입니다. '도둑잡기'는 이 단계에서 활용할 수 있는 놀이로 모둠 전체가 함께 몰입해서 움직이기 때문에 수업 집중도를 유지하는 데 큰 강점이 있습니다.

활동 순서

1. 6모둠 기준 24~30장 정도의 문제와 정답 카드를 준비합니다. 이때, 카드 여섯 장에는 정답 대신 오답이 적혀 있습니다. 이 카드들이 도둑 카드가 됩니다.

0.3×0.7	6×0.03
정답: 0.21	정답: 1.8
〈일반 카드〉	〈도둑 카드〉

2. 카드를 무작위로 섞어 각 모둠에 골고루 나눠 줍니다. 모둠에서는 카드의 문제와 정답을 확인하고 도둑 카드가 있는지 찾아봅니다.
3. 각 모둠에서는 카드를 확인한 뒤, 카드의 뒷면이 보이도록 모둠 책상에 일렬로 배치합니다.
4. 1라운드가 시작되면 1번 모둠원이 시계 방향에 위치한 모둠으로

갑니다. 해당 모둠의 책상에 놓인 카드를 잘 살펴보고 그중 한 카드를 골라 자기 모둠으로 돌아갑니다.

5. 가져온 카드가 일반 카드인지 도둑 카드인지 모둠원들과 확인합니다.
6. 위와 같은 방식으로 돌아가며 6라운드를 진행합니다.
7. 도둑 카드가 가장 적은 모둠이 승리합니다.

행복한 김선생의 수업 톡!톡!

- '도둑잡기'를 플레이할 때는 적절한 연기가 필수입니다. 도둑 카드를 뽑아 왔다고 아쉬워하거나, 일반 카드를 뺏기지 않았다고 좋아하는 티를 내면 오히려 우리 모둠에게 불리한 결과를 가져올 수 있습니다. 최대한 포커페이스를 유지하거나, 상대를 교란하는 반응을 하도록 안내해 주세요.

- 문제와 정답이 적힌 카드 대신 동일 개념과 아닌 것을 구분하게 하는 카드로 제작해도 좋습니다.
  예) 〈인간으로서 누려야 하는 기본적인 권리〉

  | 자유 | 평등 | 참정 | 청구 | 사회 | 차별 (도둑) | 가난 (도둑) |

65　거짓말쟁이를 찾아라, '스파이 게임'

학습놀이의 재미 중 하나는 스릴 넘치는 긴장감입니다. 이 긴장감을 바탕으로 학생들은 수업에 한눈팔지 않고 집중하게 되고, 이것이 소속과 참여라는 의미 있는 결과를 가져오게 되지요. '스파이 게임'은 모든 교과에 손쉽게 적용할 수 있는 스릴 넘치는 놀이인 동시에, 학생들이 학습놀이 중 가장 선호하는 활동이기도 합니다.

활동 순서

1. 학생들을 8인 1모둠으로 구성합니다. 8인 1모둠이 어렵다면 최소 6인 1모둠은 될 수 있도록 합니다.
2. 미리 만들어 놓은 카드를 모둠별로 여덟 장씩 나눠 줍니다. 이 카드 중 한 장에는 '스파이'라고 적혀 있고, 나머지에는 오늘 배운 핵심 단어가 적혀 있습니다.
   예) '오늘날 사람들의 통신수단'을 공부하고 난 뒤: 신호등 일곱 장, 스파이 한 장
3. 각자 한 장씩 가져가서 다른 모둠원이 보지 못하게 자신만 카드 내용을 확인합니다.
4. 돌아가면서 카드에 적힌 단어를 설명합니다. 이때, 스파이가 눈치 채지 못하도록 두루뭉술하게 설명하는 것이 좋습니다.
   예) '신호등'인 경우: "난 오늘 학교 오면서 이걸 많이 봤어."

5. 한 명씩 돌아가면서 핵심 단어를 설명합니다. 모두 설명했다면 스파이를 지목합니다.
6. 놀이의 승패 조건은 다음과 같습니다.
   - 스파이를 찾지 못했다면: 스파이의 승리
   - 스파이를 찾았고, 스파이가 핵심 단어를 맞히지 못했다면: 남은 인원의 승리
   - 스파이를 찾았으나, 스파이가 핵심 단어를 맞혔다면: 스파이의 승리

행복한 김선생의 수업 톡!톡!

- '스파이 게임'의 핵심은 설명입니다. 단어가 어떤 것인지 정확히 이해하고 스파이가 눈치채지 못할 정도로 두루뭉술하게 설명하는 과정에서 의미 있는 학습이 일어납니다. 놀이의 외피를 띠면서도 공부한 내용을 자연스럽게 복습하게 되는 것이죠.

- 말 대신 그림을 그리도록 규칙을 바꿔도 재밌습니다. 속담, 격언, 관용구 공부를 할 때 효과적입니다. 그림을 그릴 때는 각자 서로 다른 색깔의 네임펜을 사용하도록 합니다.

- 질문 만들기 수업과 연계해서 진행해도 좋습니다. 단어를 보고 각자 설명을 하는 대신, 옆 사람에게 이 단어에 대한 질문을 던집니다. 이를테면, 오른쪽 친구에게 돌아가며 "오늘 이것을 봤나요?" "집에 이것이 있나요?" "이것을 보면 어떤 생각이 드나요?" 등의 질문을 하고 그 대답을 바탕으로 스파이를 찾는 것이죠. 놀이의 난이도가 높아질 뿐 아니라 훨씬 더 심도 깊은 추론을 펼칠 수 있습니다.

66. 알면 잡아라, '파리채 놀이'

단순한 문제 풀이도 학습놀이와 연계하면 재밌어지는 법입니다. 거기에다가 학생들의 시선을 끌 만한 교구가 하나 있으면 금상첨화겠지요. 우리가 흔히 쓰는 '파리채'가 학습놀이와 결합하면 학생들이 열광하는 '파리채 놀이'가 된답니다. 문제를 풀고 바로 때리는 재미 속에서 즐거운 학습 경험을 하게 되거든요.

활동 순서

1. 공부한 내용을 확인하는 문제를 선생님이 10~15개 정도 미리 출제합니다. 그 문제의 정답을 A4 반 장 크기로 인쇄해서 칠판에 붙여 놓습니다.
2. 학생들과 칠판에 붙여 놓은 정답을 하나씩 살펴보고 난 뒤, 파리채 놀이를 시작합니다.
3. 파리채 놀이는 모둠 토너먼트 형식으로 진행합니다. 놀이가 시작되면 1~2모둠 먼저 모든 모둠원이 앞으로 나옵니다. 첫 번째 주자부터 파리채를 하나씩 잡습니다.
4. 선생님이 문제를 읽어 줍니다. 파리채를 든 주자는 칠판에 붙은 정답을 확인합니다.
5. 정답을 찾은 사람이 재빠르게 파리채로 정답을 때립니다. 먼저 정답을 찾은 사람이 승리합니다.

6. 위와 같은 방법으로 모든 모둠원이 돌아가며 문제를 풉니다. 더 많은 사람이 정답을 찾은 모둠이 승리합니다. 만약 동점이라면 모둠 대표가 한 명씩 나와서 결승전을 치릅니다.
7. 토너먼트로 진행해서 끝까지 남은 팀이 최종 우승을 합니다.

행복한 김선생의 수업 톡!톡!

● 파리채로 정답을 맞힐 때는 너무 크게 휘두르지 않게 미리 주의를 줍니다. 혹시나 있을 안전사고를 예방하기 위함입니다. 또한 주자를 제외한 나머지 모둠원은 도움을 줄 수 없습니다. 놀이에 임하기 전에 충분히 학습할 수 있도록 모둠 준비 시간을 제공해 줘도 좋습니다.

● 토너먼트 대신 제한 시간 내 최대한 많은 문제를 맞히는 모둠 대항전으로 규칙을 바꿔서 진행해도 좋습니다. 2분 동안 모둠원들이 파리채를 바꿔 가며 선생님이 내는 문제를 맞힙니다. 제한 시간 안에 가장 많은 문제를 맞힌 모둠이 승리합니다. 형평성을 위해 모둠이 교체될 때마다 칠판에 붙어 있는 정답의 위치도 섞어 줍니다.

67 반복해서 외우는 '손가락 진화 게임'

오늘 공부할 내용을 의자에 앉아서 억지로 외우는 것과 몸을 움직여 가며 여러 번 말하고 들으면서 외우는 것 중 더 큰 효과를 발휘하는 것은 어느 쪽일까요? 당연히 후자겠지요. 지금 소개하는 '손가락 진화 게임'이 바로 그런 게임입니다. 핵심 개념과 내용을 반복적으로 말하게 함으로써 자연스러운 학습 효과를 유도하는 수업 방법이거든요. 여기에서는 이해하기 쉽도록 3학년 사회 차시 중 '집 형태의 발달과 생활 모습의 변화 알아보기'로 예를 들어 설명하겠습니다.

활동 순서

1. PPT 화면에 집 형태 발달 단계, 1단계부터 5단계까지 핵심 개념과 설명을 띄워 놓습니다. 개념과 설명을 함께 살펴봅니다.

단계	핵심 개념	설명
1단계	동굴	먹을 것을 찾아 이동하며 더위나 추위를 피했다.
2단계	움집	땅을 판 후, 기둥을 세워 풀과 갈대로 지붕을 만들었다.
3단계	초가집	짚으로 지붕을 만들었고, 농사를 위한 공간이 많았다.
4단계	기와집	남자와 여자의 공간이 분리되어 있었고 대청과 온돌이 있었다.
5단계	아파트	많은 사람들이 살 수 있도록 높게 집을 지었다.

2. 모두 일어나서 교실을 돌아다닙니다. 1단계부터 시작하며, 1단계에서는 손가락을 하나 펴고 돌아다닙니다.

3. 같은 단계인 사람끼리 만나서 가위바위보를 합니다. 진 사람이 묻고 이긴 사람이 대답합니다. 각 단계에 맞는 대답을 해야 진화할 수 있습니다.

   예) 진 사람: "자네 요즘 어디에서 사나?"

   이긴 사람: "나는 요즘 동굴에서 살지. 먹을 것을 찾아 이동하며 더위와 추위를 피한다네."

4. 정확히 대답을 하고 난 뒤, 이긴 사람은 2단계로 올라갑니다. 손가락을 두 개 펴고 돌아다니며 같은 단계인 사람끼리 만나서 위 행동을 반복합니다.

5. 가위바위보에서 이겼다면 단계가 올라가고, 가위바위보에서 졌다면 전 단계로 떨어집니다.

6. 5단계까지 가면 진화가 완료됩니다. 진화가 완료된 사람은 선생님에게 와서 최종 진화를 합니다. 선생님은 5단계 중 하나의 문제 중 하나를 내고, 학생이 그 문제에 대한 정답을 정확히 말하면 최종 진화를 할 수 있습니다. 만약 최종 진화에 실패하면 다시 1단계로 돌아가게 됩니다.

   예) "남자와 여자의 공간이 분리되어 있었고 대청과 온돌이 있었던 이 집은?" / "기와집!"

7. 위 행동을 반복하여 제한 시간 동안 최종 진화에 성공한 사람의 수를 세어 봅니다.

> 행복한 김선생의 수업 톡!톡!

● 이 놀이는 반복적으로 말하고 듣는 데 그 목적이 있습니다. 친구와 묻고 답하는 과정에서 문장을 정확하게 또박또박 말할 수 있도록 독려해 주세요. 꾸준히 읽는 과정에서 자연스러운 암기가 이뤄집니다.

● 토선생님과 대결하는 최종 진화 단계에서는 화면을 등지고 대답합니다. 활동 과정에서 반복적으로 말한 것들을 잘 기억하고 있는지 확인하는 단계이기 때문입니다. 그러므로 선생님은 최종 진화에 도전하는 학생들이 지금까지 공부한 내용을 점검하고 올 수 있도록 미리 안내해 주는 것이 좋습니다.

68 복불복 암기 게임, '카드를 넘겨라'

'카드를 넘겨라'는 핵심 개념을 반복적으로 확인할 때나, 영어 단어를 공부할 때 좋은 놀이입니다. 사회 시간에는 문화유산, 역사 인물 수업에서, 과학 시간에는 동물, 식물, 행성 등을 공부할 때 효과적으로 적용할 수 있습니다. 여기에서는 이해를 돕기 위해 4학년 사회 '문화유산의 종류 알아보기' 수업을 예를 들어 설명하겠습니다.

활동 순서

1. 학생들에게 각자 빈 카드 여섯 장을 나눠 줍니다. 빈 카드 대신 A4 용지를 6등분해서 활용해도 무방합니다.
2. 화면에 문화재 여덟 개를 보여 줍니다. 학생들은 문화재를 보고 유형문화재인지 무형문화재인지 구분합니다.

유형문화재				무형문화재			
숭례문	불국사	경복궁	무령왕릉	탈춤	판소리	강강술래	단오제

3. 유형문화재와 무형문화재로 구분해 보았다면 카드를 제작합니다. 학생들은 여덟 개 문화재 중 마음에 드는 유형문화재 세 개와 무형문화재 세 개를 고릅니다. 그다음, 카드 세 장에는 유형문화재를, 나머지 카드 세 장에는 무형문화재를 적습니다.
4. 카드를 여섯 장 모두 제작했다면 자리에서 일어나 교실을 돌아다

닙니다. 친구를 만나면 하이파이브를 하고 가위바위보를 합니다.
5. 이긴 사람이 자신이 가진 문화재 카드 중 하나를 선택해 종류와 이름을 말하며 질문을 합니다.

예) "유형문화재 경복궁 카드 있어?"

6. 만약 진 사람이 해당 문화재 카드를 갖고 있다면 "있어"라고 이야기합니다. 이긴 친구는 자기 손에 있는 해당 문화재 카드를 진 사람에게 넘깁니다. 카드를 넘길 때 똑같은 카드가 두 장 이상 있다면 그 카드를 모두 넘깁니다. 예를 들어, 경복궁 카드가 내 손에 세 장 있는 경우 모두 상대에게 넘깁니다.

7. 만약 진 사람이 해당 문화재 카드를 갖고 있지 않다면 "없어"라고 이야기합니다. 진 사람은 자기 손에 있는 해당 문화재 카드 중 한 종류를 골라 이긴 사람에게 모두 넘깁니다. 예를 들어 탈춤을 세 장 갖고 있다면 탈춤 세 장을, 판소리를 두 장 갖고 있다면 판소리 두 장을 넘깁니다.

8. 위와 같은 방식으로 먼저 자신의 손에 있는 카드를 모두 없앤 사람은 선생님께 와서 확인을 받습니다. 제한 시간 동안 몇 명이 성공했는지 확인합니다.

(*게임에 약간 복불복 요소가 있습니다. 6번에서 설명한 것처럼 이긴 사람이 먼저 질문을 하고 카드를 넘길 수 있는 기회도 먼저 얻기 때문에 가위바위보에 이긴 친구가 다소 유리하긴 합니다. 하지만 결과적으로는 같은 종류의 카드를 모아 넘기는 형태인지라 가위바위보에서 이기고 지는 것이 승패에 큰 영향을 주지는 않습니다.)

> 행복한 김선생의 수업 톡!톡!

● '카드를 넘겨라'는 카드의 종류와 이름을 입으로 계속 말하고 확인하는 놀이입니다. 빈 카드로 단어를 제작해서 활용해도 좋지만, 이미지만 있는 카드(예: 경복궁 사진이 있는 카드)를 활용하면 더 큰 학습 효과를 거둘 수 있습니다.

69. 주제 초성 단어 놀이, '쁘띠바크'

프랑스의 국민 게임 중 하나인 '쁘띠바크'는 주제별로 단어를 찾고 정리하는 데 특화되어 있는 즐거운 놀이 중 하나입니다. 프랑스어로 '작은 수능'이라는 뜻의 이름처럼 협동심, 순발력, 어휘력과 창의성이 필요한 수업활동이지요. 개인활동과 모둠활동으로 모두 적용 가능하고 국어, 사회 교과에서 특히 유용합니다.

활동 순서

1. 모둠별로 쁘띠바크 활동지를 나눠 줍니다. 쁘띠바크 활동지는 자음을 적는 칸과 주제 칸으로 나뉘어 있습니다. 활동지는 수업 내용에 맞게 수정하여 활용합니다.
2. 선생님이 오늘 공부한 내용을 바탕으로 문제 상황과 자음을 제시합니다.
   예) "시장에서 살 수 있는 물건은?"
3. 모둠원은 함께 협동해서 해당 자음으로 시작하는 여러 가지 단어를 생각해 학습지에 채워 넣습니다.

자음	채소	과일	과자	고기, 생선	전자기기	의류
ㅅ	시금치	수박	새우깡	소고기	세탁기	신발

4. 모든 칸을 먼저 채운 모둠이 "쁘띠바크!"라고 소리치면 다른 모둠

은 칸 채우기를 멈춥니다.
5. 가장 먼저 "쁘띠바크!"를 외친 모둠이 첫 번째 칸에 쓴 물건부터 부릅니다. 단어 하나당 1점씩 얻는데 만약 똑같은 물건을 쓴 모둠이 있다면 점수를 얻을 수 없습니다. 똑같은 물건을 쓴 다른 모둠들이 대신 1점을 가져갑니다.
6. 만약 틀린 답을 말했을 경우에는 지금까지 부른 정답이 모두 무효가 됩니다. 그러니 정답을 쓰고 말할 때는 최대한 신중을 기해야 합니다.
7. 위와 같은 방법으로 3~5라운드를 진행해서 가장 높은 점수를 얻은 모둠이 승리합니다.

행복한 김선생의 수업 톡!톡!

- '쁘띠바크'는 빨리 쓰는 것도 중요하지만 남들이 쓰지 않을 만한 단어를 찾아내는 것도 중요합니다. 너무 뻔한 단어를 쓰면 다른 모둠에게 점수를 모두 빼앗기게 되기 때문입니다. 대중적인 단어와 독특한 단어를 잘 조합하며 나름의 전략을 짜 보세요.

- 국어 수업에서 동형어와 다의어 찾기, 우리말 찾기, 사전 수업 등에 적용하면 좋고 영어 수업에서 특정 알파벳으로 시작하는 여러 가지 단어를 찾는 데도 유용한 놀이입니다. 단어를 활용하는 모든 차시에 어울리므로 적절하게 변형하여 운영하세요.

70 즐거운 국어사전 놀이, '눈치코치 줄 세우기'

국어사전을 활용한 수업은 초등 국어 교육 전 과정에 걸쳐서 꾸준히 등장합니다. 얼핏 심심하고 딱딱해 보이지만 의외로 학생들이 재밌게 참여하는 수업이기도 하지요. 이번에는 국어사전 수업을 훨씬 더 재밌게 만드는 복불복 요소를 가미한 놀이 하나를 소개합니다. 보드게임 '라온 한 줄'의 규칙을 변형하여 적용한 '눈치코치 줄 세우기'입니다.

활동 순서

1. 모둠별로 보드와 마커를 나눠 줍니다. 보드 오른쪽 맨 위에 모둠 번호를 적습니다.
2. 선생님이 칠판에 모둠 수만큼 점수를 일렬로 씁니다. 점수는 무작위로 배정하되 최고점과 최저점의 차이가 10점을 넘지 않게 조정하는 것이 좋습니다. 예를 들자면 3점, 5점, -2점, -3점, 0점, 1점 등으로 정리합니다.

3점	5점	-2점	-3점	0점	1점

3. 선생님이 주제를 제시합니다. 주제가 "동물"이라고 한다면 각 모둠은 동물과 관련된 단어를 보드에 적습니다. 제한 시간 1분 안에 단어를 쓴 뒤, 보드를 칠판에 붙입니다.
4. 선생님은 각 모둠이 쓴 단어를 '가나다순'으로 정렬하여 점수 밑에

배치합니다. 1모둠이 말, 2모둠이 개, 3모둠이 고양이, 4모둠이 뱀, 5모둠이 동물원, 6모둠이 하마를 썼다고 가정한다면 이렇게 배치하게 됩니다.

3점	5점	-2점	-3점	0점	1점
개 (2모둠)	고양이 (3모둠)	동물원 (5모둠)	말 (1모둠)	뱀 (4모둠)	하마 (6모둠)

5. 위와 같이 배치하고 나면 각 모둠은 자기 모둠 위에 있는 점수를 받습니다.
6. 만약 단어가 겹쳤다면 해당 모둠은 모두 점수를 받지 못합니다.

3점	5점	-2점	-3점	0점	1점
개 (2모둠)	고양이 (3모둠) -점수 무효	고양이 (5모둠) -점수 무효	말 (1모둠)	뱀 (4모둠)	하마 (6모둠)

이렇게 '고양이'를 쓴 모둠이 겹쳤다면 3모둠과 5모둠은 점수를 얻지 못합니다. 3모둠으로선 5점을 잃었으니 아쉬운 노릇일 테고, 5모둠으로선 -2점을 받지 않았으니 오히려 다행인 상황이겠죠.

7. 라운드가 끝나면 점수와 주제를 새롭게 제시합니다. 7라운드를 진행해서 최종 점수가 가장 높은 모둠이 승리합니다.

행복한 김선생의 수업 톡!톡!

● 처음에는 어떻게 하는 놀이인지 학생들이 헷갈려 할 수도 있습니다. 한두 번 연습 게임을 하면 나름의 전략을 파악하기 때문에 수월하게 진행이 됩니다. 각 모둠이 점수와 '가나다순'을 따지면서 어떤 단어를 쓸지 치열하게 고민하기 때문에 라운

드가 지속될수록 흥미진진한 눈치 싸움이 벌어집니다.

● 이 놀이를 통해 학생들은 가나다순으로 단어를 찾는 사전의 기본 기능을 자연스럽게 습득하게 됩니다. 어떤 단어를 쓸지, 그 단어가 어디에 배치될 확률이 높은지 계산할뿐더러 단어가 공개된 뒤에도 가나다순으로 올바르게 배치되었는지 확인하기 때문입니다. 이 놀이를 하고 난 뒤에 국어사전 찾기 활동을 진행하면 훨씬 향상된 사전 찾기 실력을 보여 준답니다.

71 누구도 믿지 마라, '거짓말쟁이 놀이'

'스파이 게임'처럼 서로 거짓말을 하는 놀이 하나를 더 소개합니다. 바로 '거짓말쟁이 놀이'입니다. 거짓말쟁이 놀이는 이름 그대로 서로에게 거짓말을 하는 동시에 나의 정답을 찾아가는 활동입니다. 핵심 개념을 두고 끊임없이 설명을 주고받는 과정에서 자연스러운 학습을 유도하죠.

활동 순서

1. 오늘 수업에서 반드시 학생들이 익혀야 할 개념 네다섯 가지를 학생 수만큼 라벨지에 골고루 쓰거나 인쇄해 놓습니다.
2. 놀이 시작 전, 학생들을 책상에 엎드리게 한 뒤 학생들 등 뒤에 라벨지를 붙여 줍니다. 라벨지를 모두 붙이고 나면 '거짓말쟁이 놀이 학습지'를 나눠 주고 게임을 시작합니다.
3. 예를 들어 '국민의 의무'를 배우는 차시라고 가정해 보겠습니다. 학생들은 모두 자리에서 일어나 친구와 가위바위보를 합니다.
4. 가위바위보에서 진 학생은 이긴 학생의 등 뒤에 있는 의무를 확인하고 정보를 줍니다. 이 게임에서는 모든 사람이 다 '거짓말쟁이'이므로 무조건 상대에게 거짓 정보를 제공합니다. 만약 이긴 학생의 등 뒤에 '교육의 의무'라고 붙어 있다면 교육의 의무를 제외한 나머지 의무 중 하나를 읽어 주면 됩니다.

예) "너는 모든 국민은 세금을 내야 하는 납세의 의무야."

5. 이긴 학생은 거짓말쟁이 친구의 정보를 듣고 학습지에 표시합니다. 위와 같은 경우 거짓말쟁이가 나를 보고 납세의 의무라고 했으니 내 등에 붙은 개념이 납세의 의무는 절대 아니겠죠.

[거짓말쟁이 게임] '국민의 의무' 알아보기

※ 지금부터 여러분은 모두 거짓말쟁이입니다! 친구가 한 거짓말을 피해 나의 정체를 알아내 보세요! ⇨ 가위바위보를 한 뒤, 이긴 사람이 물어보고 진 사람은 거짓말로만 대답해 줍니다.

국민의 의무	내용	O/X
교육의 의무	모든 국민은 자녀가 잘 성장할 수 있도록 교육을 받게 할 의무가 있다.	O
납세의 의무	모든 국민은 세금을 내야 할 의무가 있다.	X
근로의 의무	모든 국민은 개인과 나라의 발전을 위해 일할 의무가 있다.	X
국방의 의무	모든 국민은 나와 가족, 우리 모두의 안전을 위해 나라를 지킬 의무가 있다.	X
환경보전의 의무	모든 국민, 기업, 국가는 환경을 보전하기 위해 노력해야 할 의무가 있다.	X

자신의 정체를 알아낸 사람은 선생님에게 오세요!

저는 "OO의 의무"입니다.
"OO의 의무는 ~ 하는 의무입니다."

7. 위와 같은 방법으로 여러 친구와 만나면서 내 등 뒤에 붙어 있는 개념을 알아내고, 선생님께 확인을 받습니다.

행복한 김선생의 수업 톡!톡!

- '거짓말쟁이 놀이'를 통해 학생들은 오늘 공부한 여러 개념을 반복해서 읽는 경험을 하게 됩니다. 선생님이 시키지 않아도 읽고 또 읽으면서 머릿속에 점점 각인되어 가는 효과를 거둘 수 있는 것입니다. 또한 등에 붙어 있는 개념을 알아냈을 때의 통쾌함 덕분에 그 개념만큼은 끝까지 잊어버리지 않는다는 장점도 있습니다.

- 놀이를 하다 보면 거짓말이 익숙지 않다 보니 중간에 진실을 말하는 실수를 하는 경우가 가끔 생기기도 합니다. 이럴 때는 선생님이 융통성을 발휘해서 라벨지를 교체해 주고, 제한 시간 내 답을 찾을 수 있게 몇 가지 힌트를 제공하면 수월하게 활동을 이어 나갈 수 있습니다.

72 같은 종류를 모아라, '셋이서 한 세트'

공부한 내용을 같은 종류끼리 묶어 분류하고 정리하는 것은 학습의 기초를 다지는 데 큰 도움을 줍니다. 유목화 작업이 학습 내용을 장기 기억으로 저장하는 첫 단추이기 때문입니다. 지금 소개하는 '셋이서 한 세트'는 분류하고 정리하는 유목화 작업을 부담 없이 경험할 수 있는 즐거운 수업놀이입니다. 여기에서는 이해를 돕기 위해 6학년 수학 '각기둥' 내용으로 예를 들어 설명하겠습니다.

활동 순서

1. 각 모둠에 A4 용지 두 장을 나눠 주고 12조각을 내게 합니다. (4인 1모둠 기준) 각자 세 장씩 나눠 갖습니다.
2. 각자 가져간 종이에 다음과 같이 한 세트가 되는 내용을 씁니다.

모둠원	각기둥의 이름	각기둥 밑면의 모양	모서리의 개수
1번	삼각기둥	삼각형	9개
2번	사각기둥	사각형	12개
3번	오각기둥	오각형	15개
4번	육각기둥	육각형	18개

(*각기둥의 이름은 선생님이 미리 정해 줘도 되고, 모둠원이 각자 상의해서 나눠 쓰게 해도 됩니다. 각기둥 밑면의 모양과 모서리의 개수는 카드를 제작하는 학생이 직접 확인하여 정리하게 합니다. 종이를 한 세트 만들

었다면 각각 두 번 접어 내용이 보이지 않도록 합니다.)

3. 모든 모둠이 종이를 만들었다면 교실 한가운데에 바구니를 놓고, 종이를 모아 섞습니다.

4. 놀이가 시작되면 1번 모둠원이 일어나서 종이를 가져옵니다. 그다음, 2번과 3번이 차례로 종이를 가져옵니다.

5. 세 장의 종이를 비교합니다. 한 세트가 아니라면, 4번 모둠원은 필요 없는 종이를 하나 빼서 바구니에 반납하고 새로운 종이를 가져옵니다.

6. 번갈아 가면서 모둠원이 종이를 가져오다가 종이 세 장이 한 세트가 되면 "세트!"라고 외치고 만세를 부릅니다. 선생님은 만세를 부른 모둠에 가서 정확히 한 세트인지 확인합니다.

7. 올바르게 한 세트를 찾았다면 모둠 점수 10점을 받습니다. 점수는 칠판에 기록합니다.

8. 찾은 세트는 모둠에서 가지는 것이 아니라 다시 두 번 접어서 바구니에 돌려 놓습니다.

9. 제한 시간 동안 위 행동을 반복하며 최대한 많은 점수를 획득한 모둠이 승리합니다.

행복한 김선생의 수업 톡!톡!

● 세 장이 아니라 네 장으로 한 세트를 만들어 진행해도 좋습니다. 같은 종류로 묶을 수 있는 내용이라면 어디에든 적용할 수 있습니다. 국어 시간에 문장 성분을 공부할 때 주어, 목적어, 서술어를 쓰고 세트를 만들면 세트가 아니더라도 말이 되는 문장들이 만들어져 의외의 재미를 자아내기도 합니다.

● 카드를 자기 모둠으로 들고 왔다가 갖다 놓을 때는 반드시 두 번 접어 두게끔 합니다. 또한 혼란을 방지하기 위해 한꺼번에 급하게 움직이지 말고 반드시 모둠 번호 순서대로 질서 있게 다녀오도록 독려합니다.

73 힘을 합쳐 빠르게, '양손을 채워라'

'양손을 채워라'는 모둠이 함께 힘을 합치는 협동 놀이입니다. 4인 1모둠부터 시작해서 5인이나 6인으로 확장해 나가면 더욱 재밌는 놀이기도 하지요. 여기에서는 이해를 돕기 위해서 6학년 과학 '공기를 이루는 여러 가지 기체'를 공부하는 시간에 양손을 채워라 놀이를 활용하는 것으로 설명하겠습니다.

활동 순서

1. 모둠원이 각자 빈 카드를 두 장씩 갖습니다. 빈 카드 대신에 포스트잇이나 A4 용지를 활용해도 무방합니다. 다만, 빈 카드처럼 약간 무겁고 빳빳한 재질이 놀이를 하기에 적합합니다.
2. 모둠원끼리 상의해서 각자 빈 카드 한 장에 서로 다른 공기의 종류를 씁니다.

산소	이산화탄소	질소	헬륨	네온

3. 다른 한 장에는 공기의 특징을 씁니다.

산소	이산화탄소	질소	헬륨	네온
물체를 불에 잘 타게 한다.	불을 끄는 성질이 있다.	공기 중에 가장 많다.	공기보다 가볍다.	빛을 받으면 반짝인다.

4. 이렇게 만든 여덟 장을 잘 섞어서 카드 한 장은 책상 가운데에 뒤집어 내려놓습니다.
5. 모둠장이 모둠원들에게 카드를 두 장씩 나눠 줍니다. 이때, 같은 세트의 카드를 한 사람에게 나눠 주지 않도록 주의합니다. 모둠장은 카드 한 장만 갖습니다.
6. 모두 카드를 나눠 가졌다면 내용이 보이도록 손 위에 펼쳐 들고, 함께 "양손을 채워라!"라고 외치며 게임을 시작합니다.
7. 처음에는 모둠장의 양옆에 앉은 사람 중 한 명이 모둠장에게 자기가 가진 카드 중 하나를 넘깁니다. 만약 모둠장의 한 손에 '산소' 카드가 있다고 가정해 보겠습니다. 양쪽에 앉은 사람 중 한 명이 산소의 특징이 써진 카드를 가지고 있다면 그걸 재빠르게 넘겨주면 좋겠죠.
8. 위와 같은 방법으로 서로 카드를 주고받습니다. 카드 한 장을 가진 한 사람을 제외한 모든 사람이 양손에 같은 세트의 카드를 갖게 되면 "양손을 채웠다!"라고 소리칩니다.
9. 양손을 채운 시간을 확인합니다. 이렇게 몇 번의 라운드를 진행하면서 협동심을 발휘해 시간을 단축하는 연습을 합니다. 1분 안에 끝내기, 20번 만에 끝내기 등 협동 미션을 제시해 주면 더욱 집중력을 발휘합니다.

행복한 김선생의 수업 톡!톡!

● '양손을 채워라'는 개념을 정리하고 확인하며 같은 종류의 카드를 분류하는 활동으로, 주로 암기할 것이 많은 사회나 과학 교과에 활용하면 좋습니다. 4학년에서

주거 형태를 공부할 때, 5학년에서 도청 소재지를 공부할 때, 6학년에서 민주화의 역사를 공부할 때 등 언제든지 활용해도 반응이 좋은 놀이입니다. 물론 국어나 수학 교과에서도 활용 가능합니다. 국어는 단어의 뜻 정리, 주장과 근거 정리 등에 활용하시고요, 수학은 도형의 이름이나 특징을 연결하는 수업이나 연산 수업에 적용해 보세요.

- 놀이 전에 몇 번 연습하면서 천천히 카드를 주고받는 노하우를 익혀 보고, 그다음 도전하게 하면 좋습니다. 규칙이 단순하지만 막상 하게 되면 마음이 급해 우왕좌왕하게 되는 일도 생기기 때문이지요. 서로의 실수가 답답하고 짜증 날 때도 있겠지만 이 놀이의 핵심은 '협동'과 '마음 맞추기'라는 것을 꼭 기억하고 활동할 수 있도록 독려해 주세요. 서로를 탓하지 않고 "괜찮아, 열심히 해 보자!" 하는 모둠에 팀워크 점수를 준다고 은근히 부추기는 것도 나름의 방법 중 하나입니다. 그럼 승부욕 강한 친구들도 점수를 받고 싶어서 크게 짜증을 내지 않습니다.

- 4인 도전은 비교적 쉬운 편입니다. 가능하다면 5인이나 6인으로 인원을 늘려 주세요. 훨씬 더 집중력 있게 활동이 진행됩니다.

74. 머리를 맞대 막아라, '단어 방패'

모둠별로 힘을 합쳐 선생님이 던지는 폭탄을 막는 '단어 방패' 만들기 게임입니다. 브레인스토밍 게임으로 재미가 있고, 교과 시간뿐 아니라 창체 시간에 해도 즐거운 놀이 중 하나입니다.

활동 순서

1. 모둠별로 A4 용지를 나눠 주고 난 뒤, 선생님이 주제를 제시합니다.
   예) 우리 지역의 공공기관, '동물'이 들어가는 속담, 우리가 살면서 지켜야 하는 덕목 등.
2. 학생들은 제한 시간 3분 동안 머리를 맞대 주제와 관련 있는 모든 단어들을 씁니다. 이렇게 쓴 단어들이 바로 선생님이 던지는 폭탄을 막을 수 있는 '단어 방패'가 됩니다.
3. 제한 시간이 끝나면 선생님의 공격을 방어합니다. 선생님이 단어 하나를 말합니다.
   예) [주제] 우리 지역의 공공기관, "시청"
4. 학생들은 모둠이 쓴 단어 중에 선생님이 부른 단어가 있는지 확인합니다. 만약 있다면 방패로 막은 셈이 되어 1라운드를 통과합니다. 즉, 선생님이 부른 단어와 우리 모둠이 쓴 단어가 일치할 때 생명 연장을 할 수 있는 것입니다.
5. 위와 같은 방법으로 라운드를 진행하다가 단어 방패를 얻지 못한

그 즉시 게임에서 탈락하게 됩니다.
6. 선생님의 공격을 방어하며 가장 오랫동안 살아남은 모둠이 최종 우승합니다.

> **행복한 김선생의 수업 톡!톡!**

- '단어 방패'는 규칙이 지극히 단순하면서도 학생들의 묘한 협동심과 승부욕을 부추겨 주제를 바꿔서 몇 라운드를 플레이해도 정말 재밌는 활동이 가능합니다. 이때 중요한 것은 서로의 머리를 맞대는 부분입니다. 각자 알고 있는 모든 지식과 상식들을 총동원해야 풍성한 단어 방패를 만들 수 있거든요. 그러니 절대 특출난 한 사람이 이끌어 가는 것만으로는 충분한 단어 방패를 만들 수가 없습니다.

- 더 오랫동안 게임을 즐기게 하고 싶다면 생명 포인트 규칙을 적용해도 좋습니다. 생명 포인트를 세 개 주고, 단어 방패가 없을 때마다 하나씩 지우게 합니다. 생명 포인트를 모두 잃었을 때 게임에서 최종 탈락합니다.

- '단어 방패 만들기'는 배경지식을 확인할 때, 교과 내용을 정리할 때, 긴 글의 핵심 단어를 확인할 때 자유롭게 활용할 수 있습니다. 3학년에 시대마다 다른 도구를 공부하고 난 뒤, 지금까지 배운 도구를 생각나는 대로 쓰기, 4학년 과학에서 물에 대해 배울 때 '물 하면 생각나는 모든 것' 적기, 5학년 삼국의 문화유산 정리하기, 6학년 실과 시간의 의식주와 관련된 것들 모아 보기 등에 자유롭게 적용해 보세요.

75 모두가 힘을 합쳐, '침묵! 짝꿍을 찾아라'

'침묵! 짝꿍을 찾아라'는 전체 활동으로 진행하는 놀이입니다. 경쟁 요소보다는 협동 요소를 강조하며, 놀이 제목 그대로 나의 짝꿍을 데려가면 되는 단순한 규칙이지만 협동하지 않으면 절대 성공할 수 없는 놀이이기도 합니다.

활동 순서

1. 24명을 기준으로 12쌍의 짝꿍 종이쪽지를 만듭니다. 수학이라면 한쪽에는 문제를, 다른 한쪽에는 답을 쓰면 됩니다. 영어 단어와 뜻, 개념과 개념에 대한 설명, 빈칸 문제와 빈칸을 채울 수 있는 정답 등 변형 방법은 무궁무진합니다.
2. 각자 종이쪽지를 한 장씩 가져가고 자신만 볼 수 있게 확인합니다.
3. "준비, 시작!" 구호와 함께 자리에서 일어나 짝꿍을 찾으러 떠납니다. 각자 돌아다니면서 서로의 쪽지를 확인하고 빠르게 짝꿍을 찾습니다. 이때, 중요한 규칙이 있습니다. 바로 '침묵'해야 한다는 사실입니다. 침묵하지 않고 말하기 시작하면 교실은 아이들의 아우성으로 난리 법석이 됩니다. 그런데 이 '침묵 규칙'을 적용하면 질서정연하면서도 빠르게 짝꿍을 찾는 데 도움을 줍니다.
4. 선생님은 학생들이 모두 짝꿍을 찾을 때까지의 시간을 화면으로 보여 줍니다. 마지막 짝꿍이 완성되기까지 시간이 얼마나 걸렸는지

학생들과 확인합니다.

5. 1라운드가 끝나면 학생들에게 "우리가 시간을 단축하기 위해서는 어떻게 해야 할까요?"라는 질문을 던지고 전략을 생각해 봅니다.

   (* 이 단계에서 학생들은 이런저런 전략들을 말합니다. "내 짝꿍이 아니더라도 친구의 짝꿍을 알고 있다면 데려다줘요." "너무 급하게 행동하지 말고 오히려 차분하게 움직이는 게 도움이 될 것 같아요." 등이죠. 이 과정에서 자연스럽게 '협동의 가치'가 무엇인지를 발견하게 됩니다.)

6. 전략 토의 후, 2라운드를 진행합니다. 시간이 얼마나 단축되었는지 확인해 봅니다.

행복한 김선생의 수업 톡!톡!

- 1라운드보다 2라운드에 십중팔구 시간이 놀라울 정도로 단축됩니다. 성공하는 인원들이 바깥으로 빠지기 때문에 게임 참여 인원이 줄어들고, 쪽지 속 문제와 답에도 익숙해져 있을 뿐만 아니라 서로가 짝꿍을 찾을 수 있게 도움을 주거든요. 이 과정 속에서 학생들은 협동이 얼마나 큰 힘을 발휘하는지를 깨닫게 됩니다.

- 만약 1라운드보다 2라운드에 시간이 더 많이 소요됐다면 이렇게 격려해 주세요. "1라운드보다 시간이 조금 더 걸렸네요. 그런데 선생님은 그 안에서 여러분의 멋진 모습을 봤어요. 서로를 돕고, 이해하고, 양보하는 모습이요. 그래서 시간이 조금 더 걸렸지만 하나도 아쉽지가 않네요. 여러분은 어떤가요?"라고요. 그다음에 더 시간을 단축시킬 수 있게 파이팅하면 됩니다.

- 이 놀이는 꼭 2인이 1세트가 아니어도 됩니다. 3인 1세트, 4인 1세트로도 만들면 나름의 변수가 생겨서 익숙한 놀이도 재밌어집니다. 3인이나 4인 1세트는 국어 시간에 문장성분에 관한 주어, 목적어, 서술어를 공부할 때나 수학 시간 약수와 배수, 분수와 소수 등을 배울 때에도 활용 가능합니다. 짝을 지을 수 있는 모든 것에 적용이 가능한 놀이이기 때문에 크게 적용 교과를 고민하지 않아도 됩니다.

- 고학년 연극 단원의 도입 놀이로 활용해도 재밌습니다. 놀이로서 충분한 재미가 있으면서 동시에 연극 단원을 시작하는 연기 연습 놀이로도 손색이 없습니다. 활용 방법은 다음과 같습니다.
  1. 한 쌍의 쪽지에 다음과 같은 상황들을 씁니다.
     예) "설사병 걸린 사자" "지각해서 달리다가 넘어지는 학생" "고양이 알레르기가 있지만 고양이를 사랑하는 여성"
  2. 학생은 자신의 쪽지에 맞게 연기를 하며, 나와 똑같은 연기를 하는 친구를 찾습니다.
  3. 만약 내 짝꿍이 맞는 것 같으면 서로 쪽지를 확인합니다. 짝꿍이 맞다면 선생님께 확인을 받습니다.
  4. 모두 짝꿍을 찾으면 짝꿍끼리 나와서 아까 했던 연기를 또 한 번 합니다.
  5. 나머지 친구들은 어떤 상황인지 맞혀 봅니다.

76 순서대로 그려라, '협동 릴레이 그림'

'협동 릴레이 그림'은 모둠이 힘을 합쳐 하나의 그림을 완성하는 재미가 있는 놀이입니다. 그림놀이지만 여러 교과에 활용할 수 있는 전천후 학습활동이기도 합니다.

활동 순서

1. 모둠별로 그림을 그릴 보드판 하나와 정답을 쓸 보드판 하나, 이렇게 총 두 개를 나눠 줍니다. 마커는 개인별로 하나씩 나눠 갖습니다.
2. 1번 모둠원만 고개를 숙입니다. 나머지는 선생님이 제시한 주제어를 보고 그림을 그립니다.
3. 가장 먼저 2번 모둠원이 20초 동안 그림을 그립니다. 20초가 지나면 그림 그리기를 멈추고 3번 모둠원에게 보드판을 넘깁니다.
4. 4번 모둠원까지 그림을 모두 그렸다면 그림 그리기를 종료합니다.
5. 고개를 숙이고 있던 1번 모둠원이 고개를 들고 친구들의 그림을 살펴봅니다. 이때, 다른 모둠원들은 절대 말이나 표정으로 힌트를 줘서는 안 됩니다.
6. 1번 모둠원이 정답판에 정답을 적고 "하나, 둘, 셋" 구호와 함께 정답을 확인합니다. 정답을 맞히면 점수를 가져갑니다.
7. 위와 같은 방법으로 돌아가며 총 8라운드를 진행하여 가장 높은 점수를 얻은 모둠이 승리합니다.

행복한 김선생의 수업 톡!톡!

● 이 놀이가 가장 빛을 발하는 교과는 국어입니다. 속담, 관용어, 동형어와 다의어 등을 공부할 때 정말 재밌게 활용할 수 있습니다. 수학은 입체 도형의 겨냥도와 전개도 그리기를 할 때 적용하면 좋아요. 정확하게 그리기보다는 대충 친구가 알아볼 수 있을 정도로만 그리면서 기본기를 함께 익힐 수 있습니다.

● 사회에서는 세시풍속, 의식주, 문화재 등에서, 과학은 암석, 동식물 등에서 활용할 수 있으며 미술이나 창체 시간에 그림놀이 그 자체로도 즐길 만한 가치가 있습니다. 도덕 교과를 시작하며 덕목을 살펴볼 때도 좋습니다. 다양한 덕목들을 제시하고 그중에 하나를 골라 그리게 한 다음 덕목 목록에서 정답을 찾아보게 하면 자연스럽게 여러 가지 덕목의 뜻과 상황을 공부할 수 있습니다. 6학년 실과 시간에 의식주와 관련된 것들 모아 보기 등에 자유롭게 적용해 보세요.

77 눈치껏 추리하라, '도형 탐정 놀이'

'도형 탐정 놀이'는 도형 단원에서 손쉽게 사용할 수 있으면서도 은근한 스릴과 긴장감이 있어 학생들이 매우 선호하는 놀이입니다. 놀이 과정에서 꾸준한 공부가 이뤄지기 때문에 충분한 학습 효과 또한 거둘 수 있지요. 놀이 방법은 두 가지인데 두 가지 모두 매우 단순합니다. 여기에서는 다각형을 배우는 단원으로 가정하고 설명하겠습니다.

활동 순서

◇ 첫 번째 방법

1. 4인 1모둠을 기준으로 삼각형, 사각형, 오각형, 육각형이 각각 다섯 개씩 그려진 카드를 20개 준비합니다. 모둠에서 카드를 무작위로 잘 섞어 각자 다섯 장씩 똑같이 나눠 갖습니다.
2. 1번 모둠원부터 자기 카드 중 하나를 앞면이 보이도록 내려놓습니다. 그다음, 자기가 내려놓은 다각형에 대해 두 가지 이상 설명합니다. 두 가지 이상 설명하지 못한다면 카드를 내려놓지 못한 채 다음 사람에게 순서를 넘기게 되니 학생들은 다각형의 성질을 정확히 파악하고 이야기할 수 있어야 합니다.

   예) 만약 삼각형이라면 "이 도형은 변이 세 개인 삼각형이야"라고 설명할 수 있습니다. 이 외에도 "각이 세 개다." "내각의 합이 180도다." "이등변 삼각형이다." "대각선의 개수는 0개다." 등으로도 말할 수 있습니다.

3. 제대로 설명했다면 나머지 모둠원들은 자신이 가지고 있는 카드 중 하나를 뒷면이 보이게 내려놓습니다. 이때, 첫 번째 모둠원이 말한 다각형을 그대로 내려놓을 수도 있고 전혀 다른 다각형을 내려놓을 수도 있습니다.
4. 카드를 모두 놓았다면 첫 번째 모둠원이 도형 탐정이 되어 추리를 시작합니다. 다른 모둠원들의 눈빛을 살피거나 질문을 던질 수도 있고, 내가 가진 카드를 통해 모둠원들의 카드를 추리할 수도 있습니다. 예를 들면, 무작위로 카드를 가져갔기 때문에 내 손에 삼각형 카드가 네 장 들려 있다면 다른 친구들은 같은 삼각형 카드를 들고 있지 않을 확률이 높을 것입니다.
5. 추리 시간 1분이 지나면 다른 모둠원들이 자신과 똑같은 카드를 냈는지, 아니면 다른 카드를 냈는지 추리 결과를 발표합니다.
   예) "2번이랑 4번은 삼각형 카드 낸 것 같고, 3번은 아닌 것 같아."
6. 결과를 공개하고 맞힌 개수만큼 점수를 얻습니다.
7. 위와 같은 방법으로 돌아가며 도형 탐정 놀이를 합니다. 추리가 진행될수록 점점 공개되는 다각형 카드가 많아지기 때문에 보다 합리적인 추리가 가능해집니다.

◇ 두 번째 방법

1. 카드를 더미로 만들어 책상 가운데에 둡니다. 1번 모둠원부터 설명꾼이 되어 카드 한 장을 뽑습니다.
2. 설명꾼은 카드를 살펴보고 진실 혹은 거짓 중 하나를 선택해 도형의 특징을 두 가지 이상 말합니다. 나머지 모둠원들이 탐정 역할을

합니다. 예를 들어 설명꾼이 삼각형 카드를 뽑은 경우, 우선 진실 두 가지("이 카드는 삼각형이야." "이 카드는 내각의 합이 180도야.")를 이야기할 수 있습니다. 반대로 거짓("이 카드는 사각형이야." "이 카드는 대각선의 개수가 두 개야.")을 이야기할 수도 있습니다.

3. 설명꾼의 설명을 들은 나머지는 1분 동안 질문을 하거나 표정을 살피면서 진실인지 거짓인지를 판단합니다.
4. 각자 추리 결과를 발표합니다.
   예) "진실을 말했어." "거짓을 말하고 있어."
5. 설명꾼은 자신의 카드를 공개합니다. 정답을 맞힌 모둠원은 1점을 얻습니다. 설명꾼은 속인 사람 수만큼 점수를 얻습니다.
6. 돌아가면서 설명꾼 역할을 맡습니다. 총 8라운드를 진행하여 가장 많은 점수를 얻은 사람이 승리합니다.

행복한 김선생의 수업 톡!톡!

● 이 놀이의 핵심은 카드를 내려놓으면서 '설명'을 하도록 만든다는 것입니다. 계산이 크게 필요 없는 대신 개념을 확실하게 이해해야 하는 도형 단원에서 이러한 규칙은 큰 학습 효과를 발휘합니다. 친구들에게 개념을 설명한다는 것은 내용을 충분히 이해하고 있음을 방증하는 것이니까요. 또한 친구의 설명을 들으면서 모호하게 알고 있던 내용을 확실히 알 수 있고, 반복적으로 도형의 성질을 말하게 된다는 것 또한 이 놀이의 큰 장점이라고 할 수 있겠습니다.

수업활동 ❽
수업에 감성 더하기, 문학 수업

그림책이나 동화책과 같은 문학 작품들은 딱딱한 교과수업을 말랑말랑하게 만들어 주는 훌륭한 매개체입니다. 그저 '앎'으로만 끝날 수 있는 학습 내용을 '삶'으로 연결해 주기 때문이지요. 제가 생각하는 그림책과 동화책 수업의 장점은 크게 세 가지입니다.

  첫째, 쉽고 재밌게 소통할 수 있습니다. 강렬한 삽화와 재밌는 스토리는 공부에 관심 없는 학생들조차 단숨에 사로잡을 만큼 매력적이지요. 둘째, 마음을 두드리는 문학의 힘이 있습니다. 학생들은 그림책을 읽으며 주인공의 상황과 감정을 '나'와 동일시하곤 합니다. 그 안에서 평소에 알지 못했던 다양한 감정을 느끼고 깊은 공감을 경험하게 되지요. 셋째, 오래 기억하게 합니다. 스토리와 이미지로 공부한 내용을 머릿속에 저장할 수 있기 때문입니다. 학생들은 학습한 내용을 스스로 고민한 결과물로 만들어 냅니다. 이렇게 차곡차곡 쌓아 올린 성공적인 수업 경험은 한두 번의 실패로도 결코 흔들리지 않는 안정적인 수업 운영의 밑바탕이 됩니다.

  그런데 이쯤 되면 '그래요, 문학 작품이 좋은 건 알겠는데 저는 어떤 작품들이 있는지 잘 모르겠어요' 하는 걱정이 슬그머니 올라옵니다. 물론 하루아침에 수업 노하우가 늘지는 않습니다. 평소 책에 관심을 갖고 많이 읽는 것이 최고이고, 좋은 연수를 찾아보는 노력도 필요합니다.

  이번에는 선생님들의 노력을 응원하는 마음을 담아 문학 작품 속 등장인물을 더 깊이 탐색하는 대표적인 수업활동 몇 가지를 소개하고자 합니다. 이 활동들이 선생님의 수업에 따뜻한 감성을 더하고 학생들이 문학을 더 많이 사랑하는 데 도움이 되길 바랍니다.

78 색깔로 말해요

그림책과 동화책을 포함한 문학 작품을 읽다 보면 자연스럽게 등장인물의 감정과 처지에 공감하게 됩니다. 가끔은 내 마음에 콕 박히는 대사나 장면 들이 강렬한 인상으로 뇌리에 남기도 하지요. '색깔로 말해요'는 이처럼 문학 작품을 읽으며 든 생각들을 시각적으로 표현해 보는 활동입니다.

활동 순서

1. 작품 속 등장인물의 상황을 제시합니다.

    예) 동화 『마음 뽑기』(김경미 글, 심보영 그림, 책 읽는 곰, 2022)

'서율이'와 '서우'는 쌍둥이지만 성격만은 딴판이다. 서율이가 하고 싶은 말을 제대로 하지 못하는 '꾹꾹이'라면, 서우는 반대로 자기 할 말을 거칠게 하는 '버럭이'다. 어느 날 아침 등굣길에 서우는 인형 뽑기 기계에 화풀이하다가 그만 인형이 되어 뽑기 기계에 갇히게 된다. 우여곡절 끝에 서율이는 인형이 된 서우를 뽑아서 학교에 가는데……. 과연 서율이와 서우는 무사히 오늘 하루를 마칠 수 있을까?

- 상황: 인형이 된 서우의 마음은 어땠을까?

2. 학생들은 등장인물의 마음을 생각해 보고 색깔로 표현합니다. 색칠하고 난 뒤, 왜 그 색깔을 골랐는지 이야기 나눕니다.

빨강과 군청색		자신을 뽑지 못하고 자꾸 떨어뜨리는 서율이를 향한 짜증과 화는 빨간색으로, 서율이가 자신을 못 뽑으면 평생 인형 뽑기 기계에서 나갈 수 없을지도 모른다는 불안감을 군청색으로 표현했다.
회색과 검은색		인형 뽑기 기계에 평생 갇혀 살 수도 있고, 사람으로 돌아갈 수도 없다면 슬프고 억울할 것 같다. 그런 슬픔과 억울함을 각각 회색과 검은색으로 표현했다.
흰색		인형 뽑기 기계에 갇히면 머릿속이 새하얘져서 감정 색도 백지처럼 흰색이 될 것 같다.

3. 모둠 기자회견장(257쪽 참고) 활동으로 모둠원끼리 서로 돌아가며 자신의 색깔을 이야기하고 나눠 봅니다.

행복한 김선생의 수업 톡!톡!

● 이 활동에는 정답이 없으므로 학생들이 선택한 모든 색깔을 인정해야 합니다. 같은 작품을 읽고도 서로 다른 감정을 느낄 수 있다는 것을 헤아려 주세요.

● 저학년이거나 학습 수준이 현저히 낮은 학생의 경우, 색깔을 칠해 놓고도 왜 그 색깔을 선택했는지 글로 표현하지 못하는 경우가 있습니다. 이럴 때는 글로 쓰라고 강요하기보다는 '슬플 것 같아서' '행복함' 등의 단어로 단순하게 표현하는 활동부터 시작해도 괜찮습니다.

79 머릿속 돋보기

'머릿속 돋보기'는 '뇌구조도 그리기'로 유명한 수업활동입니다. 등장인물이 어떤 생각을 하는지, 무엇을 더 중요하게 생각하는지, 작가가 등장인물을 통해 전달하고 싶은 의도가 무엇인지 간단한 이미지와 단어를 사용해 직관적으로 표현할 수 있습니다.

활동 순서

1. 작품 속 등장인물 중 한 명을 선택합니다.
   예) 동화 『열세 살 우리는』(문경민 글, 이소영 그림, 우리학교, 2023)

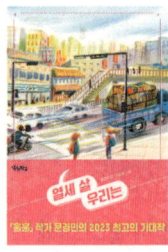

'보리'와 '루미'는 둘도 없는 절친 사이다. 하지만 보리는 요즘 들어 자신보다 더 행복해 보이는 루미가 괜히 질투 나고 짜증 난다. 그러던 어느 날, '두 얼굴의 소녀' '세희'가 전학을 오며 보리와 루미의 사이에 걷잡을 수 없는 거대한 균열이 일어난다. 그 누구보다 치열하고 뜨거운 오늘을 살아가는 세 친구의 이야기! 보리에게 열세 살은 과연 어떤 의미로 남을까?

2. 작품을 통해 알게 된 등장인물의 관심사, 흥미, 취미 등을 활동지에 정리합니다. 등장인물이 더 많이 관심을 두는 것일수록 공간이 큰 말풍선에 씁니다.

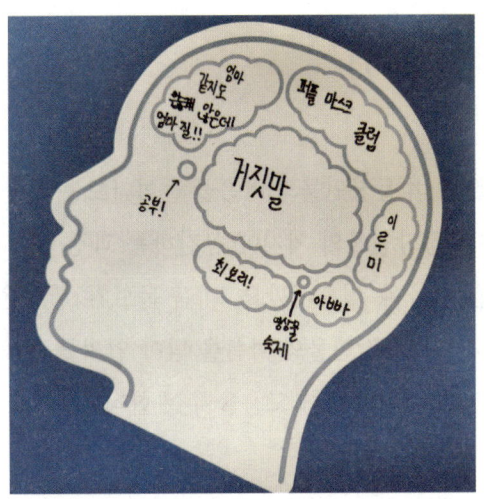

『열세 살 우리는』을 읽고 정리한 뇌구조도.

3. 스티커 가위바위보(263쪽 참고) 활동으로 모둠원끼리 서로 돌아가며 뇌구조도를 살피고 이야기 나눠 봅니다.

> 행복한 김선생의 수업 톡!톡!

- 학토재에서 판매하는 'BRAIN&I 점착메모지'를 학년 초에 구매해 놓으면 '머릿속 돋보기' 활동을 수월하게 진행할 수 있습니다.
- 작품 속에서 알게 된 사실뿐 아니라 '이 등장인물은 이런 것을 좋아할 것 같아' '이 등장인물은 이런 생각을 많이 할 것 같아'와 같은 추론 활동으로 머릿속 돋보기 활동을 꾸려도 재밌습니다.

80 마음 돋보기

문학 작품을 읽으며 등장인물의 마음을 들여다보는 활동은 그 무엇보다 중요합니다. 등장인물의 처지에 공감하는 과정 속에서 나의 삶을 돌아보는 힘을 얻을 수 있으니까요. '마음 돋보기' 활동은 등장인물에게 편지를 쓰고, 또 등장인물의 마음을 담아 일기를 써 내려감으로써 작품을 더욱 깊이 이해하는 데 도움을 주곤 합니다.

활동 순서

1. 작품을 찬찬히 읽으며 등장인물의 마음을 들여다봅니다.
   예) 청소년소설 『세계를 건너 너에게 갈게』(이꽃님 지음, 문학동네, 2018)

'은유'는 가출을 꿈꾸는 15살 소녀다. 아빠의 강요에 못 이겨 쓰게 된 '느리게 가는 우체통'의 편지가 1982년의 은유에게 도착하면서 둘 사이에 우정이 싹튼다. 아빠가 말하지 않는 엄마의 비밀을 알기 위해 과거의 은유에게 도움을 청하는 은유와 그런 은유를 도우며 성장하는 과거의 은유. 과연 둘 사이에는 어떤 비밀이 있는 것일까?

2. 학생들은 작품을 읽고 난 뒤에 등장인물에게 마음을 담은 편지를 씁니다. 또는 등장인물이 되었다는 가정하에 일기 형식으로 사건을 표현해 봅니다.

3. 작성한 편지 또는 일기를 모둠원과 같이 돌려 가며 읽고, 포스트잇을 붙여 간단히 댓글을 남겨 줍니다.

> **행복한 김선생의 수업 톡!톡!**

● 학생들에게 예쁜 편지지를 제공해 주세요. A4 용지를 제공할 때보다 훨씬 몰입감이 생기기 때문에 학생들이 더욱 집중해서 편지를 쓰는 모습을 볼 수 있습니다.

81 안팎인형 만들기

문학 작품 속에는 비단 사람 대 사람의 갈등만 있는 것은 아닙니다. 개인적인 선택의 갈등도 있죠. 인생은 'B(탄생, birth)와 D(죽음, death) 사이의 C(선택, choice)다'라는 말처럼 우리는 끊임없이 선택의 기로에 서게 됩니다. '안팎인형 만들기'는 등장인물의 선택을 깊이 고민하고 만약 나라면 어떤 선택을 할 것인지 가정해 보게 하는 활동입니다.

활동 순서

1. 작품 속 등장인물의 선택 상황을 살펴봅니다.

   예) 동화 『그때 너 왜 울었어?』(박현경 글, 이영환 그림, 잇츠북, 2021)

   '지영'과 같은 반인 '강우'는 여학생들에게 인기가 많다. 얼굴도 잘생기고, 유머러스한 데다 공부도 잘하기 때문이다. '라희'는 강우와 친한 지영이에게 자신과 강우를 엮어 달라고 부탁한다. 그런데 강우의 답이 뜻밖이다. "난, 지영이 너랑 사귀고 싶은데?" 지영이는 어떤 선택을 해야 할까?

2. 4절지에 안팎인형을 크게 그립니다. 등장인물의 선택이 미치는 긍정적 영향을 안팎인형의 안쪽에, 부정적 영향을 안팎인형의 바깥쪽에 적습니다.

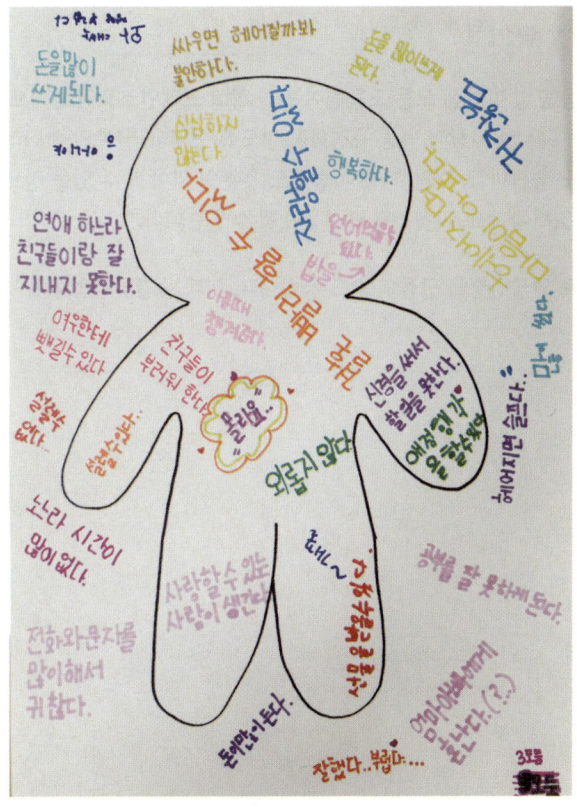

사람 모양 안쪽과 바깥쪽에 등장인물의 선택과 관련된 내용이 적혀 있다.

3. 모둠 시계 돌리기(259쪽 참고)를 하면서 다른 모둠의 결과물을 살펴보고, 추가할 것이 있다면 내용을 더 작성합니다.
4. 원모둠으로 돌아와서 안팎인형을 확인합니다.
5. 모둠별 안팎인형을 칠판에 게시하고 몇몇 특이한 내용들에 대해 활발히 이야기 나눕니다.

> 행복한 김선생의 수업 톡!톡!

- 모둠활동을 할 때에는 모든 모둠원이 펜을 잡고 브레인스토밍 방식으로 다 같이 씁니다. 이때 한 사람이 펜을 독점하지 않도록 합니다. 글뿐만 아니라 그림으로 표현해도 좋습니다. 다만, 다른 사람들도 충분히 알아볼 수 있을 정도로 그려야 함을 강조해 주세요. 자칫하면 낙서장이 될 수 있습니다.

- 개인별로 안팎인형을 만들어 봐도 좋습니다. 이때는 안팎인형 활동지를 활용하세요.

82 시 보물찾기

'시 보물찾기'는 그림책과 동화책을 읽는 동시에 다양한 시도 함께 접할 수 있도록 돕는 수업 방법입니다. 등장인물의 상황과 처지를 살피며 활동을 전개해야 하기 때문에 공감 능력을 발달시키는 데도 큰 효과를 발휘하지요.

활동 순서

1. 작품 속 등장인물 중 한 명을 선택합니다.
   예) 동화 『꿈 요원 이루』(김경미 글, 김주경 그림, 잇츠북어린이, 2022)

꿈을 중요하게 생각해서 꿈 요원으로 발탁된 '이루'. 정식 꿈 요원이 되기 위해서는 아이들을 행복하게 만드는 꿈을 10가지 만들어야 한다. 이루에게 배정된 친구들은 하나같이 교실에서 문제를 일으키는 아이들이다. 이루는 그제야 친구들의 말과 행동을 천천히 살펴보면서 그들을 행복하게 해 줄 꿈을 만들기 시작하는데……. 과연 이루는 미션을 완성하고 정식 꿈 요원이 될 수 있을까?

2. 등장인물 중 한 명에게 들려주고 싶은 시를 시집에서 찾아 필사합니다.
   예) 『꿈 요원 이루』의 '도하': 도하는 아무에게도 관심을 받지 못하는 외로운 친구입니다. 도하를 위로해 주기 위한 시를 한 편 골라 적어 보세요.

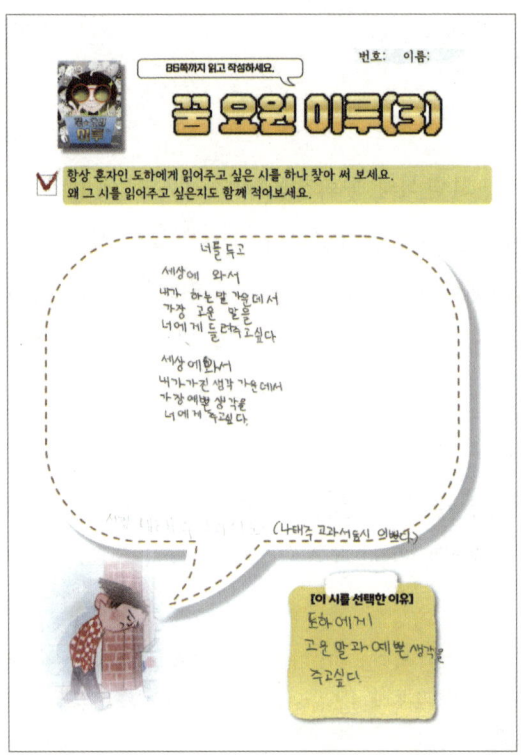

시집 『이쁘다』(나태주 지음, 나민애 엮음, 열림원어린이, 2023)에서 등장 인물을 위해 골라 쓴 시.

3. 왜 이 시를 골랐는지 자신의 생각을 정리합니다.
4. 각각 어떤 시를 적었는지 모둠원끼리 돌아가며 살펴보고, 활동지는 학급에 게시해 시간 날 때마다 틈틈이 시를 감상하게 합니다.

> 행복한 김선생의 수업 톡!톡!

- '시 보물찾기'는 독후 활동뿐 아니라 시 수업을 시작할 때 활용해도 매우 유용한 활동입니다. 수업 진행은 아래와 같이 합니다.

1. 개인별로 동시집을 한 권씩 나눠 줍니다.
2. 선생님이 상황을 제시합니다.
   예) "한 친구가 지금 열심히 준비한 시험을 망치고 집에 돌아오는 길이에요. 여러분은 이 친구에게 어떤 시를 들려주며 위로의 마음을 전하고 싶나요? 지금 여러분이 가진 시집에서 어울리는 시를 찾아보세요. 보물찾기 시작!"
3. 각자 가지고 있는 시집에서 어울리는 시 한 편을 찾습니다.
4. 가장 빨리 찾은 사람이 먼저 자리에서 일어납니다.
5. 세 명의 친구가 일어나면 라운드를 종료합니다. 서 있는 친구들은 시를 낭송합니다.
6. 왜 이 시를 골랐는지 이유를 이야기하고, 낭송을 들은 학생들의 감상도 들어 봅니다.
7. 위와 같은 방법으로 다양한 상황을 제시하며 어울리는 시를 찾습니다.

> 정말 행복한 일만 가득한 하루를 보내고 기분 좋게 읽을 만한 시

> 막 펑펑 울고 싶을 때 읽고 싶은 시

> 짝사랑한 사람에게 연인이 있다는 소식을 듣고 읽으면 좋을 시

> 비가 오는 날에 어울리는 시

> 무엇인가 열심히 한 일을 끝내고 후련한 마음을 담아 읽고 싶은 시

> 어느 날, 엄마의 거칠어진 손을 보고 엄마에게 전하고 싶은 시

- 시를 찾고 난 뒤, 시 사진전을 열어도 좋습니다. 안드로이드는 '글그램', 아이폰은 '쓰샷' 앱을 활용해서 사진과 시를 적절히 구성한 뒤 패들렛에 업로드하면 그 자체로 시와 사진이 함께하는 '온라인 시 사진전'이 됩니다. 사진전은 가정과 연계해 학부모들과도 공유해 보세요.

- 시 대신 등장인물에게 들려주고 싶은 노래를 찾아 주는 형식으로 변형해서 활용해도 좋습니다.

83 상장 수여식

동화나 청소년소설은 주인공이 시련을 극복하고 끝내 성장하는 경우가 많습니다. 처음에는 냉정한 현실에 좌절하고 포기하던 주인공이 일련의 과정을 거쳐 스스로 희망을 찾아가는 모습이 뭉클한 감동을 자아내지요. 그래서 책을 다 읽고 난 뒤 학생들과 꼭 하는 활동 하나가 있습니다. 바로 '상장 수여식'입니다

활동 순서

1. 작품 속 등장인물 중 한 명을 선택합니다.
   예) 동화 『용기가 필요한 여름』(조은경 글, 임나운 그림, 뜨인돌어린이, 2022)

'민유'는 새로 전학 온 '시아'와 우정 반지를 맞출 정도로 절친이 된다. 같이 창의과학반에 들어가면서 더욱 돈독해진 우정을 자랑하던 어느 날, 둘 사이를 서먹하게 만드는 엄청난 사건이 발생한다. 과연 시아는 민유에게 진실을 털어놓을 수 있을까? 민유는 시아를 위해 용기를 낼 수 있을까? 쉽지 않은 상황을 맞닥뜨린 두 친구의 우정과 성장을 그린 동화책!

2. 등장인물의 미덕과 인물이 추구했던 가치를 떠올립니다.
3. 앞에서 정리한 내용을 잘 넣어 등장인물에게 주고 싶은 상장을 만듭니다.

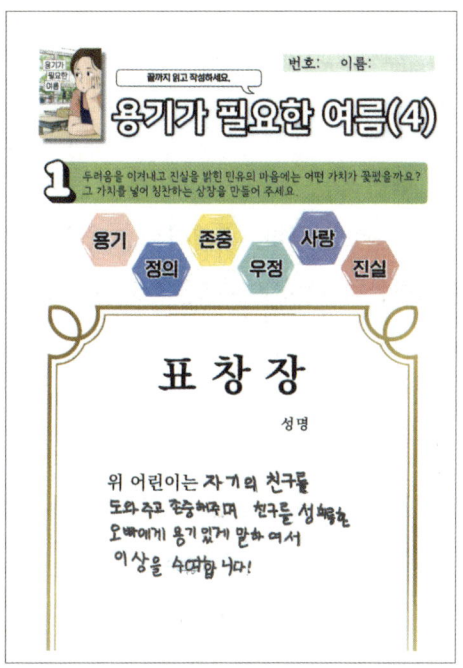

아이들이 만든 표창장.

4. 상장을 교실에 게시하고 갤러리 워크(267쪽 참고)로 함께 감상합니다.
5. 독특하거나 특별한 상장이 있다면 반 친구들 전체와 함께 이야기 나눠 봅니다.

행복한 김선생의 수업 톡!톡!

● 상장 틀은 활동지를 통해 제공하는 것이 좋습니다. 그래야 상장 꾸미기가 아닌 상장 내용에 집중할 수 있습니다. 내용에는 반드시 등장인물이 갖고 있는 미덕을 넣을 수 있게 독려해 주세요. 다양한 미덕이 적힌 미덕 목록을 미리 제시해 주어도 좋습니다.

84. 1~5글자로 말해요

문학 작품을 읽고 핵심적인 키워드를 파악해 요약하는 것은 수업에서 가장 널리 활용되는 방법입니다. 이 키워드 요약을 조금 더 재밌게 할 수 있는 방법을 소개합니다. 바로 '1~5글자로 말해요'입니다.

활동 순서

1. 작품을 끝까지 읽고 작품을 표현할 만한 핵심 키워드를 파악합니다.
   예) 동화 『사랑이 훅!』(진형민 글, 최민호 그림, 창비, 2018)

단짝친구인 '박담' '신지은' '엄선정'. 세 친구는 5학년에 들어서며 남다른 사랑을 시작하게 된다. 두근거리는 첫 연애. 사랑과 우정 사이에서 갈등하는 마음. 무엇이 진짜 사랑하는 사람을 위한 행동인지 배워 가는 과정. 사랑을 통해 삶을 이해하는 5학년 아이들의 달콤 쌉싸름한 사랑 이야기!

2. 작품을 표현할 키워드를 1~5글자로 표현합니다.
   예) 작품 제목: 『사랑이 훅!』

1글자	훅
2글자	합동
3글자	짝사랑
4글자	남자 친구
5글자	사랑과 이별

3. 선생님과 가위바위보를 해서 비긴 사람들만 발표하는 텔레파시 발표로 자신이 쓴 글자를 전체 친구들에게 발표합니다. 그러는 동안 나머지 친구들은 글자 수를 크게 외칩니다.

   예) "하나!" "혹!" / "둘!" "합동!"

4. 글자를 발표하면서 궁금한 점이 있으면 물어보고 대답합니다.
5. 위와 같은 방법으로 글자를 발표하고 모둠원끼리 돌려 가며 다시 한 번 살펴봅니다.

행복한 김선생의 수업 톡!톡!

- '1~5글자로 말해요'는 작품의 중요한 부분이나 하이라이트를 핵심적인 키워드로 정리하는 데 중점을 둔 활동입니다. 아무 의미 없는 단어를 쓰지 않도록 활동 전에 주의를 주는 것이 좋습니다.

- 핵심 단어를 찾을 때에는 반드시 책을 다시 한번 들춰 보게 해 주세요. 활동을 통해 작품을 복기하는 과정을 거치므로 높은 학습 효과를 거둘 수 있습니다.

85　그림일기로 표현해요

문학이 전달하는 메시지를 말과 글로 논리정연하게 정리하는 것은 쉬운 일이 아닙니다. 특히 학습 수준이 낮은 친구들에게는 더더욱 그러하지요. 이러한 부담감을 낮추면서 동시에 문학 작품 속 주제를 명확하게 표현할 수 있는 매개체가 바로 '그림일기'입니다.

활동 순서

1. 문학 작품을 읽으며 작품의 주제를 파악합니다.
   예) 동화 『복희탕의 비밀』(김태호 글, 정문주 그림, 마음이음, 2020)

자고 일어나니 이게 웬 날벼락! '호테'는 갑자기 변한 아빠의 모습을 보고 절망에 빠진다. 바로 아빠가 '인어'가 된 것! 졸지에 두 다리가 없어진 아빠는 휠체어를 타고 다니고, 그럴 때마다 호테는 아빠가 귀찮기도, 부담스럽기도 하다. 호테와 아빠는 서로 이해할 수 있을까? 호테는 아빠의 모습을 온전히 있는 그대로 받아들일 수 있을까?

2. 작품의 주제를 잘 드러내는 그림일기를 쓰고 그립니다.
3. 갤러리 워크(267쪽 참고) 또는 모둠 시계 돌리기(259쪽 참고)로 서로의 작품을 감상하고 피드백합니다.

다양성에 관한 열린 마음이 담긴 그림일기.

행복한 김선생의 수업 톡톡!

● 그림과 글이 조화롭게 어우러지도록 하고, 특정 장면을 그대로 그리는 방식이 아니라 책의 주제를 드러낼 수 있게 일기를 쓰도록 독려합니다.

수업활동 ❾

효과적으로 공유하고 나누기

학습활동에서 결과물을 만들어 내는 것만큼 중요한 것이 바로 그 결과물을 '어떻게 공유하고 나누느냐'입니다. 가장 손쉽게 교실에서 사용하는 방법은 물론 '발표'입니다. 자신의 결과물을 공유하고 싶은 친구가 손을 들고 전체 친구들에게 이야기하는 형식이죠. 하지만 이 같은 방법은 소수의 친구들만 수업에 참여하게 할뿐더러, 집중력이 짧은 초등학생의 경우 잘 듣지 않는 부작용이 명확하게 드러납니다. 그래서 선생님들은 이 같은 단점을 극복하고자 모둠 내 발표를 함께 활용하기도 하지요.

모둠원끼리 돌아가면서 결과물을 발표하고 공유하는 형식은 전체 발표의 단점을 극복하고 모든 학생들에게 골고루 기회를 제공하기 때문에 요즘 들어 더 많이 활용되고 있습니다. 그러나 모둠 내 발표가 장점만 있는 것은 아닙니다. 모둠원이 돌아가면서 발표할 때, 발표를 제대로 듣지 않고 딴짓을 하거나 활동을 성의 없이 전개하는 경우도 비일비재하니까요.

그렇다면 어떻게 해야 결과물을 보다 효과적으로 공유할 수 있을까요? 이번 장에서는 수업에 쉽게 적용할 수 있으면서도 결과물을 의미 있게 나누는 아홉 가지 방법을 소개합니다. 선생님의 수업과 활동에 맞게 적절히 구성하여 처음부터 끝까지, 집중력을 잃지 않고 유종의 미를 거두는 데 도움이 되길 바랍니다.

86 모둠 기자회견장

앞서 소개한 것처럼 '모둠 내 발표'는 전체 발표의 단점을 보완하고 학생 모두에게 골고루 발표 기회를 주는 좋은 공유 방법 중 하나입니다. 다만, 자기 발표가 끝나면 다른 모둠원의 발표를 듣지 않는다든지, 발표를 너무 성의 없게 전개해서 의도한 학습 효과를 충분히 거두지 못한다는 단점도 내재하고 있지요. 이러한 단점을 극복할 수 있는 수업 방법이 바로 '모둠 기자회견장'입니다.

활동 순서

1. 학습한 내용에 관한 결과물(활동지, 만들기 작품 등)을 각자 제작합니다.
2. '모둠 내 발표'로 모둠원끼리 결과물을 공유합니다.
3. 이때, 모둠에서 발표하는 사람을 제외한 나머지 사람들은 기자가 됩니다. 연필이나 사인펜같이 긴 형태의 물건을 하나 선택합니다. 이것이 바로 무선 마이크 역할을 합니다.
4. 모둠원이 발표하면 나머지 모둠원은 자신의 마이크를 발표자에게 살짝 갖다 댄 후, 발표 내용을 주의 깊게 듣습니다.
5. 기자처럼 발표 내용에 대해 궁금한 점이나 관심 가는 점을 질문합니다. 발표자는 기자들의 질문에 적절히 대답합니다.
6. 위와 같은 방법으로 돌아가며 발표자 역할을 수행합니다.

행복한 김선생의 수업 톡톡!

- '모둠 기자회견장'은 몸을 움직이며 주의를 집중시키는 수업 방법입니다. 가상의 무선 마이크를 만들어서 친구에게 갖다 대는 순간 자연스럽게 친구의 얼굴과 결과물에 집중하게 되고, 기자로서 질문을 해야 하기 때문에 발표에도 경청하는 효과를 거둘 수 있습니다.

- 연필을 마이크로 활용할 때는 뭉툭한 뒷부분이 상대방을 향하게끔 뾰족한 부분을 손에 쥐도록 합니다. 또한 마이크를 발표자에게 너무 가까이 갖다 대지 않도록 미리 주의를 줍니다. 보다 안전하면서도 예쁜 디자인을 활용하고 싶다면 스쿨토리(schooltory.net)의 '말하기OX' 교구도 있으니 학기 초에 이를 미리 구입해 두어도 좋습니다.

87 모둠 시계 돌리기

결과물을 공유할 때는 직접 발표 대신, 서로의 결과물을 살펴보고 댓글을 달아 주는 형태로 진행하기도 합니다. 이때 활용하는 가장 효과적인 방법이 '모둠 시계 돌리기'입니다. 모둠 시계 돌리기는 우리 모둠 안에서, 모둠과 모둠끼리, 총 두 가지 방법으로 전개할 수 있습니다.

활동 순서

◇ **모둠 내 시계 돌리기**

1. 학습 내용에 관한 결과물(활동지, 만들기 작품 등)을 각자 제작합니다. 결과물에 포스트잇을 한 장 붙입니다.
2. 자기 결과물을 시계 방향에 앉아 있는 모둠원에게 넘깁니다.
3. 다른 친구의 결과물을 자세히 살펴보고 포스트잇에 응원과 격려의 댓글을 남깁니다.
4. 위와 같은 방법으로 자기 결과물이 돌아올 때까지 시계 돌리기를 진행합니다.

◇ **모둠 간 시계 돌리기**

1. 학습 내용에 관한 결과물(활동지, 만들기 작품 등)을 모둠별로 제작합니다.
2. 모둠 책상을 결과물과 포스트잇만 보이도록 정리합니다.

3. 시계 방향 쪽에 있는 모둠으로 자리를 바꿔 앉습니다. 다른 모둠의 결과물을 확인합니다.
4. 각자 포스트잇에 감상평을 적어, 책상에 붙여 둡니다.
5. 위와 같은 방법으로 자기 모둠으로 돌아올 때까지 시계 돌리기를 진행합니다.

행복한 김선생의 수업 톡!톡!

● '모둠 내 시계 돌리기'의 경우, 수업 시간에 여유가 있다면 모둠에서 가장 괜찮은 결과물을 뽑아 소개해 봐도 좋습니다. 자연스럽게 전체 발표로 이어지면서 더 많은 친구와 결과물을 공유하는 시간이 만들어집니다.

● '모둠 간 시계 돌리기'에서 자리를 바꿔 앉는 것이 아닌 결과물을 공유하는 형태로 진행하면 보다 정돈된 활동이 가능합니다. 단, 자리를 바꿔 앉는 이유는 의자에서 엉덩이를 떼고 움직이는 것이 수업의 단조로움을 방지하고 집중력을 유지하는 데 도움이 되기 때문입니다. 교실 분위기와 학생 수준에 맞게 운영하세요.

88 복불복 내.친.소

'복불복 내.친.소(내 친구의 결과물을 소개합니다)'는 앞서 소개한 '모둠 기자회견장'이나 '모둠 시계 돌리기'와 함께 활용하면 시너지가 큰 수업 방법입니다. 모둠 기자회견장으로 모둠원의 발표를 잘 들었는지 확인하는 동시에 공유한 내용을 머릿속으로 정리해 설명하게 함으로써 메타인지를 자극하기에도 좋습니다.

활동 순서

1. 학습 내용에 관한 결과물(활동지, 만들기 작품 등)을 각자 제작합니다.
2. 모둠 기자회견장(257쪽 참고) 또는 모둠 시계 돌리기(259쪽 참고)와 같은 수업 방법을 활용해 모둠 내에서 결과물을 공유합니다.
3. 모둠 내 결과 공유가 모두 끝나면 '복불복 내친소' 활동을 시작합니다.
4. 선생님이 무작위로 번호를 하나 뽑습니다.
   [*아이스크림 툴킷(299쪽 참고)을 사용하면 편리하게 번호를 뽑을 수 있습니다.]
5. 번호가 뽑힌 학생은 전체 학생에게 자기 짝꿍의 결과물을 소개합니다. 이때, 짝꿍이 발표한 내용에 더해 자기 생각까지 이야기하면 더욱 좋습니다.
6. 시간이 허락하는 만큼 번호를 뽑고 결과물을 공유합니다.

행복한 김선생의 수업 톡!톡!

● 모둠 내 공유 전에 '복불복 내친소'를 할 것이라고 미리 학생들에게 안내해 주면 좋습니다. 그럼 학생들이 친구의 결과물 발표를 들을 때 더욱 집중해서 듣게 됩니다.

● 무작위로 번호를 뽑아도 좋지만 발표를 원하는 학생이 있다면 먼저 시켜 보세요. 다른 친구들에게 모델링 효과를 자아낼뿐더러 독특하고 의미 있는 결과물을 많이 공유할 수 있게 된답니다.

89 스티커 가위바위보

전체가 함께 움직이면서 서로의 결과물을 재밌게 공유하는 방법은 없을까요? 지금 소개하는 '스티커 가위바위보'는 놀이 형식을 도입해 수업의 재미와 몰입도를 끌어올려 서로의 결과물을 살필 수 있도록 돕는 수업 방법 중 하나입니다. 저학년부터 고학년까지, 언제든 손쉽게 활용할 수 있다는 장점이 있습니다.

활동 순서

1. 학습 내용에 관한 결과물(활동지, 만들기 작품 등)을 각자 제작합니다.
2. 학생들에게 각자 스티커 12개를 나눠 줍니다. 결과물과 스티커를 갖고 자리에서 일어나 교실을 돌아다닙니다.
   (*스티커 개수는 학급 인원에 따라 조정합니다. 한 사람당 학급 인원의 절반 정도가 되도록 넉넉히 나눠 주면 좋습니다.)
3. 친구와 만나서 가위바위보를 합니다.
4. 진 사람이 이긴 사람에게 "너의 결과물을 보여 줄래?"라고 부탁합니다.
5. 이긴 사람은 자신이 제작한 결과물을 진 사람에게 설명합니다.
6. 진 사람은 결과물에 대한 설명을 듣고 난 뒤, "너의 이야기를 들려줘서 고마워"라고 이야기하고, 친구의 결과물에 스티커를 붙여 줍니다.

7. 제한 시간 동안 가장 많은 스티커를 모은 친구가 승리합니다.

> **행복한 김선생의 수업 톡!톡!**

- 가위바위보만 열심히 하고, 결과물 공유를 소홀히 하지 않도록 선생님이 꾸준히 활동을 관리해 주세요. 이긴 사람은 자기 결과물을 최대한 자세히 설명하려고 노력하고 진 사람도 경청해야 함을 미리 약속하는 것이 좋습니다.

- 스티커를 많이 모은 학생뿐 아니라 스티커를 모두 붙여 준 학생도 칭찬해 주세요. 안타깝게 가위바위보를 많이 지긴 했어도 친구의 결과물을 열심히 살펴보고 설명도 잘 들어 준 학생들이기 때문입니다. 이 학생들에게 자신이 봤던 친구의 결과물 중 가장 인상 깊었던 결과물을 이야기해 보라고 하면 자연스럽게 전체 공유도 할 수 있게 됩니다.

90 어서 오세요, 사람책 서점입니다

'사람책 서점'은 자기 생각과 의견을 또렷하게 이야기할 수 있는 4학년 이상 학년에게 추천하는 수업 방법입니다. 수준 높은 의사소통 능력을 요구하는 대신에 마치 서점에서 책을 구입하는 것처럼 친구의 결과물을 살펴볼 수 있다는 점에서 학생들의 흥미를 자극하기에 충분한 활동이기도 합니다.

활동 순서

1. 학습 내용에 관한 결과물(활동지, 만들기 작품 등)을 각자 제작합니다.
2. 학생들에게 각자 바둑알 12개를 나눠 줍니다. 바둑알은 친구들의 결과물을 살펴볼 수 있는 학급 화폐 역할을 합니다.
   (*바둑알 개수는 학급 인원에 따라 조정합니다. 한 명에게 학급 인원의 2분의 1 정도가 되도록 넉넉히 나눠 주는 것이 좋습니다.)
3. 학급을 1팀과 2팀으로 나눕니다. 1팀이 먼저 '사람책 서점'을 차리고, 2팀이 '손님' 역할을 합니다.
4. 1팀은 자기 결과물을 책상에 올려 두고 사람책 서점을 꾸밉니다.
5. 2팀은 서점을 돌아다니며 구경하다가 이야기를 듣고 싶은 곳에 자리를 잡고 앉습니다. 서점에 방문하면 입장료로 바둑알 한 개를 지불해야 합니다.
6. 1팀은 손님이 방문하면 자기 결과물을 설명합니다. 2팀은 설명을

들으며 활동지를 작성하고, 궁금하거나 흥미로운 지점이 있다면 이야기를 나눕니다.
7. 위와 같은 방법으로 여러 서점을 돌아다니면서 친구들의 이야기를 듣습니다.
8. 활동 시간이 끝나면 1팀과 2팀의 역할을 바꿔 다시 한번 진행합니다.

행복한 김선생의 수업 톡!톡!

- 서점 한 곳에 두 명을 초과해서 앉지 못하게 합니다. 손님이 두 명을 넘기면 다른 서점에 손님이 방문하지 않기 때문에 의도했던 학습 효과를 거두기 어려울 수 있습니다.

- 한 서점당 결과물 공유 시간을 정해 줍니다. 한 팀당 활동 시간을 20분이라고 했을 때 결과물 공유 시간은 최대 3~5분을 넘기지 않는 것이 좋습니다. 손님이 없는 서점을 잘 살펴보고 그곳에 먼저 갈 수 있게 독려해 주는 일도 선생님의 몫입니다.

- 미술 시간과 연계해서 자기 서점을 홍보하는 썸네일 간판을 만들어 활용해도 좋습니다. 이 경우, 수업 및 결과물 제작(1차시)-간판 제작(2차시)-사람책 서점(3차시)으로 최소 3차시 분량의 시간을 넉넉히 확보해 두어야 합니다.

91 갤러리 워크

'갤러리 워크'는 이름 그대로 갤러리를 걷는 것처럼 다른 사람들의 결과물을 살펴보는 활동입니다. 호스트 역할을 하는 도슨트가 있어도 좋고, 도슨트 없이 결과물을 자유롭게 배치한 뒤 편안하게 살펴봐도 좋은 수업 방법이지요. 초등학교 교실에서는 도슨트 없이 간단히 결과물을 공유하는 갤러리 워크를 활용하는 것을 추천합니다.

활동 순서

1. 학습 내용에 관한 결과물(활동지, 만들기 작품 등)을 각자 제작합니다.
2. 자기 책상 위에 결과물을 올려 둡니다. 가능하다면 벽에 붙여도 좋습니다.
3. 각자 자유롭게 돌아다니면서 친구들의 결과물을 확인합니다.
4. 결과물 중 마음에 들거나 호기심이 드는 작품에 스티커를 붙입니다. 1인당 세 개씩 사용할 수 있으며, 스티커는 결과물을 모두 살펴본 뒤 선생님에게 수령합니다.
5. 결과물에 궁금한 점이 있다면 포스트잇에 써서 결과물 근처에 붙여 둡니다.
6. 활동 시간이 끝나면 모두 자리에 앉아 자기 결과물을 확인합니다.
7. 스티커를 가장 많이 받은 결과물이 무엇인지 살펴보고, 스티커를 붙인 사람의 이야기를 듣습니다. 결과물을 제작한 학생의 이야기도

들어 봅니다.
8. 질문 포스트잇이 붙은 결과물도 확인합니다. 어떤 질문이 붙었는지 확인하고, 그 질문에 대한 대답을 들어 봅니다.

행복한 김선생의 수업 톡!톡!

- 자유롭게 돌아다니면서 역동적으로 결과물을 확인할 수 있다는 장점이 있는 반면, 결과물을 살펴보지 않고 친구와 장난을 치는 학생이 많아지면 의도한 학습 효과를 거둘 수 없다는 단점도 상존하는 활동입니다. 미리 학습 규칙과 습관을 잘 조성하고 유지하는 노력이 필요합니다.

- 갤러리 워크를 할 때에는 되도록 한 방향으로 움직여야 합니다. 가능한 한 말도 하지 않는 것이 좋습니다. 관람자용 학습지를 제공해서 눈으로만 감상하는 데에서 그치지 않고 기록하고 정리하는 활동을 함께 하면 집중력 유지에 도움이 될 수 있습니다.

- 스티커의 개수가 너무 차이 나지 않도록 조정해 주는 것도 좋습니다. 한 결과물당 최대 7~10개 이상의 스티커만 붙일 수 있다고 미리 안내하면 모든 학생의 결과물에 스티커가 골고루 돌아가게 됩니다. 최대 스티커 개수는 학급 학생 수에 따라 조정합니다.

92 모둠 퀴즈 마당

자리를 이동하면서 서로가 서로에게 퀴즈를 내고 맞혀 보는 활동입니다. 학생들이 학습 내용에 관한 설명과 문제 풀이를 함께 진행하며 '선생님' 역할을 하기 때문에 공부한 것을 훨씬 더 오래 기억할 수 있다는 특징이 있습니다.

활동 순서

1. 모둠별로 오늘 공부할 내용에 대한 설명 자료를 제작합니다. 설명 자료를 기반으로 한 5~10문제 정도의 형성 평가도 준비합니다.
2. '둘 가고 둘 남기' 활동을 합니다. 모둠원 두 명은 호스트 역할을, 두 명은 게스트 역할을 합니다. 게스트 역할을 맡은 모둠원은 시계 방향에 있는 모둠으로 자리를 바꿔 앉습니다.
3. 게스트가 오면 두 명의 호스트는 모둠 결과물을 설명합니다. 게스트는 설명을 들으며 활동지나 공책에 내용을 정리합니다.
4. 게스트는 설명을 듣다가 모르는 내용이나 궁금한 점이 있다면 호스트에게 묻습니다.
5. 설명과 정리가 끝나면 '퀴즈 마당'을 엽니다.
6. 호스트는 게스트에게 준비한 형성 평가 중 두 문제를 출제합니다. 게스트 둘은 각자 한 문제씩을 맡아 정답을 말합니다.
7. 게스트가 정답을 맞히면 호스트는 스티커를 붙여 줍니다.

8. 위와 같은 방법으로 모든 모둠을 돌아다니며 설명을 듣고 퀴즈를 풉니다.

9. 게스트가 다시 원모둠으로 돌아오면 모둠 내 역할을 변경합니다. 호스트 역할을 한 학생들이 게스트가 되고, 게스트를 한 학생들이 호스트가 되어 위 활동을 반복합니다.

행복한 김선생의 수업 톡!톡!

- 충분한 시간이 확보되어야 하는 활동입니다. 모둠 결과물 제작(1차시)-모둠 퀴즈 마당(1차시)로 최소 2차시 이상을 확보하는 것을 추천합니다.

- 형성 평가를 준비할 때는 핵심 내용을 확인할 수 있는 양질의 문제를 출제할 수 있게 독려합니다. 지엽적인 문제를 냈을 경우, 의도한 학습 효과를 거둘 수 없기 때문에 이 부분에 많은 신경을 써야 합니다.

- 사실상 2인 1조로 모둠 결과물을 설명하는 것이기 때문에 각자의 역할 분담을 확실히 하는 것이 좋습니다. 한 사람이 주도적으로 모둠활동을 끌고 가지 않게 주의합니다.

93 그림책 만들기

'그림책 만들기'는 공부한 내용 중 핵심 개념을 비주얼 씽킹을 활용해서 정리하고 전체가 함께 돌려 보는 수업 방법입니다. 그림과 글을 두루 활용하고, 쉽고 직관적인 정보를 담아낸 그림책을 돌려 읽는 형식이기 때문에 평소에 글쓰기를 어려워하거나 학습 수준이 낮은 학생들 역시 즐겁게 참여할 수 있습니다.

활동 순서

1. 각자 무지 스크랩북과 네임펜, 색연필을 준비합니다. 무지 스크랩북은 보통 5페이지짜리를 활용합니다. 물론 학습량에 따라 10페이지짜리를 활용해도 무방합니다.
2. 지금까지 공부한 내용의 핵심이 무엇인지 확인합니다.
3. 핵심 내용을 글과 그림으로 무지 스크랩북에 정리합니다. 그림을 그릴 때는 핵심 내용이 잘 드러나도록 간략하게 표현합니다.
4. 모둠 시계 돌리기(259쪽 참고)로 서로의 그림책을 확인합니다. 인상적인 부분이나 잘된 부분을 찾아봅니다.
5. 다 만든 그림책은 교실 한쪽에 게시하고, 누구나 살펴볼 수 있도록 합니다.

> 행복한 김선생의 수업 톡!톡!

● 무지 스크랩북에 글을 쓰고 그림을 그릴 때에는 네임펜과 색연필만 사용하는 것이 좋습니다. 사인펜은 스크랩북 재질상 번질 수 있습니다.

● 그림책을 모두 꽉 채우지 않아도 좋습니다. 핵심 키워드가 정확히 들어갈 정도로 깔끔히 정리하는 것을 목표로 합니다.

94 온라인 전시회

코로나19로 스마트 기기를 활용한 에듀테크 수업이 보편화되면서 '온라인 전시회'는 이제 특별한 것이 아닌, 수업에서 항상 사용할 수 있는 일상적인 방법으로 자리매김했습니다. 결과물의 공유와 피드백만 가능하다면 선생님과 학생들에게 익숙한 에듀테크 사이트 중 그 어떤 플랫폼을 활용해도 모두 괜찮습니다.

활동 순서

1. 학습 내용에 관한 결과물(활동지, 만들기 작품 등)을 각자 제작합니다.
2. 결과물 사진을 찍고 사이트에 업로드합니다.
3. 친구들이 올린 결과물을 보고 '좋아요'와 '댓글'로 피드백합니다. 이때 반드시 자기 모둠원의 결과물에 먼저 피드백하고 다른 친구들의 결과물을 보게 하면 모두가 골고루 피드백을 받을 수 있습니다.

행복한 김선생의 수업 톡!톡!

- 글과 사진 등을 간단히 작성해서 올리고 서로 피드백을 줄 때 가장 유용한 사이트는 역시 '패들렛'입니다. 패들렛 설정 및 사용 방법은 275쪽을 참고하세요.

- 미술 작품을 전시할 때는 메타버스 공간인 '스페이셜'을 활용해 보세요. 직접 미술관에 간 것 같은 착각을 불러일으키며 실제적인 미술 작품 체험을 하기에 좋습니다.

수업활동 ⑩
누구나 쉽게 쓰는 온라인 교육 도구

코로나19로 교육 현장에서 겪은 중요한 변화는 바로 에듀테크 활용 수업이 자연스럽게 정착되었다는 점입니다. 이번 장에서는 그동안 소개된 수많은 에듀테크 도구 중 간단하고 직관적인 설정법, 온라인과 오프라인에서 모두 유용하게 쓰일 수 있는 특성, 어느 교과든지 편리하게 적용 가능한 넓은 활용성 등의 장점을 갖춘 도구들만 엄선하여 소개합니다. 적재적소의 에듀테크 도구 활용으로 수업을 더욱 풍성하게 만들어 보세요.

95 패들렛

수많은 에듀테크 도구 중 '패들렛'만큼 학교급을 막론하고 큰 사랑을 받고 있는 도구도 드뭅니다. 간단한 설정과 '온라인 칠판'으로서 여러 기능을 갖춘 유용성은 타의 추종을 불허하는 활용성을 자랑하고 있지요. 여기에서 소개하는 패들렛의 기본 설정만 익히면 당장이라도 다양한 수업에 적용할 수 있습니다.

패들렛 기본 설정

1. 패들렛 만들기 클릭 후, 형식을 선택합니다.

+Padlet 만들기 클릭	오른쪽 모서리 위 'Padlet 만들기' 클릭
형식 선택	일곱 가지 형식 중 내 수업에 맞는 한 가지 선택

일곱 가지 형식의 명칭과 특징은 다음과 같습니다.

담벼락	학생들의 게시물을 벽돌 모양으로 쌓습니다. 마치 테트리스 게임처럼 빈틈없이 쌓는 형식이라고 생각하면 좋습니다.
캔버스	가장 자유로운 템플릿입니다. 학생들의 게시물을 자유자재로 옮기거나 겹칠 수 있고, 연결하기 기능을 활용해 연결할 수도 있습니다.
스트림	위에서 아래로 게시물을 하나씩 연결해 쭉 읽어 나갈 수 있도록 배치합니다. 페이스북이나 인스타그램과 같은 형식입니다.
그리드	게시물을 책장처럼 가로로 정렬해 줍니다. 가로에 네다섯 개를 알맞게 배열하고 아래로 내려서 또 배열하는 형식입니다.

섹션이 있는 담벼락 (셸프)	게시물을 선반처럼 세로로 정렬해 줍니다. 관련 있는 주제들을 하나의 섹션에 쌓아 배치할 수 있습니다. 수업과 학급 경영에서 가장 많이 활용되는 템플릿입니다.
지도	구글맵을 기반으로 한 지도 형식입니다. 원하는 곳에 좌표를 찍고, 콘텐츠를 입력할 수 있습니다.
타임라인	가로선을 따라서 게시물을 배치합니다. 역사 연표와 같이 순차적으로 일어나는 무엇인가를 제시할 때에 활용합니다.

각 형식은 섹션을 추가하여 활용할 수 있습니다. 섹션이 있는 형식을 선택할 경우, 게시글을 쓸 때 섹션을 나눌 수 있습니다.

페들렛 형식 고르기.

2. 패들렛을 만들고, 내 수업에 맞게 설정합니다.

패들렛 설정 열기	패들렛 오른쪽 메뉴 – 톱니바퀴 모양 클릭

수정 창에는 바꿔야 할 여러 가지 내용들이 있습니다. 수정 창 내용은 템플릿마다 약간의 차이가 있습니다. 여기에서는 공통적으로 들어가는 내용들을 중심으로 살펴보겠습니다.

머리글

제목	오늘 공부할 수업 제목 또는 내용을 씁니다.
설명	해당 패들렛에 대한 간단한 설명 및 수업활동 안내
아이콘	수업에 어울리는 이모지 선택(필수 아님)

비주얼

배경 화면	오늘 공부할 수업 제목 또는 내용을 씁니다.
색상 스킨 글꼴	기본 설정 추천

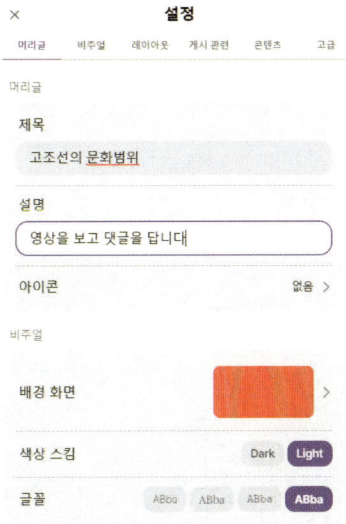

머리글과 비주얼 설정 화면.

레이아웃

섹션별로 게시물 그룹화	섹션을 나눠서 게시물을 보고자 할 때 선택
정렬	게시물 정렬 방식 선택(수동-새 게시물 추가 시 마지막 위치로 추천)

게시 관련

저자와 타임스탬프	학생들이 구글 아이디로 회원 가입을 한 경우 사용(활성화하면 누가 어떤 게시글을 썼는지 확인 가능)
댓글, 반응	댓글이나 반응(좋아요)이 필요한 수업이라면 클릭

콘텐츠

승인 필요	학생들이 구글 아이디로 회원 가입을 한 경우 사용(활성화하면 누가 어떤 게시글을 썼는지 확인 가능)
비속어 필터링	댓글이나 반응(좋아요)이 필요한 수업이라면 클릭
복제	해당 패들렛을 복제할 수 있도록 허락하는 기능

패들렛 레이아웃과 게시 관련, 콘텐츠 설정 화면.

3. 설정한 패들렛을 학생들에게 공유합니다. 오른쪽 메뉴 맨 위 화살표 클릭 후, '클립보드로 링크 복사' 또는 'QR 코드 받기'로 공유하면 됩니다.

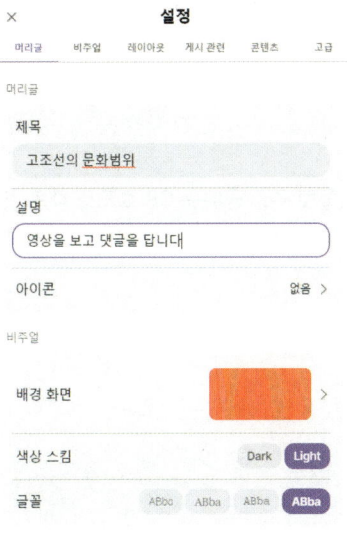

패들렛 공유 방법.

4. 학생들이 패들렛에 접속하면 (+) 버튼을 눌러서 해당 수업 주제에 맞는 게시글을 작성하게 합니다. 이때, 제목에는 반드시 자기 이름을 쓰도록 안내합니다.
5. 서로 올린 게시글을 보고 '좋아요'와 '댓글'로 피드백합니다.

행복한 김선생의 수업 톡!톡!

- '패들렛'은 대규모 인원이 함께 공유하는 '온라인 칠판'입니다. 학생들의 결과물 전시, 포스트잇을 대체하여 온라인으로 의견 교환하기, 그림 그리기를 포함한 다양한 기능을 활용해 수업 운영 등을 할 수 있습니다. 여러 가지 패들렛 수업 사례는 『패들렛 완전정복』(김성규 지음, 학교도서관저널, 2021)과 아이스크림 원격 연수원의 '가장 쉬운 수업 도구, 패들렛과 띵커벨' 연수에서 자세히 설명해 두었으니 참고하세요.

- 대면 수업의 경우 패들렛 주소 공유는 QR 코드로 하는 것이 유용합니다. 굳이 주소를 칠 필요가 없기 때문에 학생들이 개인 핸드폰이나 패드를 활용하여 쉽게 접속할 수 있습니다.

96 띵커벨보드

앞서 살펴본 패들렛과 거의 비슷한 기능을 갖고 있는 에듀테크 도구가 바로 아이스크림 사이트에서 활용할 수 있는 '띵커벨보드'입니다. 무료 버전인 경우 세 템플릿밖에 만들지 못하는 패들렛과 달리 띵커벨보드는 무료 버전에서도 최대 보드 10개까지 사용할 수 있어 패들렛의 보완재 역할을 톡톡히 하고 있지요. 이번에는 띵커벨보드 설정 방법을 자세히 살펴보도록 하겠습니다.

패들렛 기본 설정

1. 띵커벨 사이트 접속 후, '만들기'를 클릭합니다. 그다음 '보드'를 선택해서 띵커벨보드를 만듭니다.

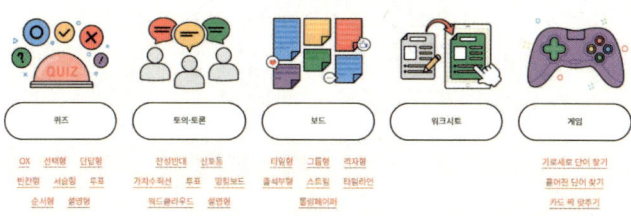

2. 보드 제목과 유형을 선택합니다. 띵커벨보드의 유형은 총 일곱 가지입니다. 패들렛 형식과 비교하여 정리하면 다음과 같습니다.

타일형	패들렛의 '담벼락'과 유사한 형태입니다.
그룹형	패들렛의 '섹션이 있는 담벼락(셸프)'과 유사한 형태입니다.
격자형	패들렛의 '그리드'와 유사한 형태입니다.
스트림	패들렛의 '스트림'과 유사한 형태입니다.
타임라인	패들렛의 '타임라인'과 유사한 형태입니다.
출석부형	띵커벨보드에만 있는 유형 중 하나로 참여자별로 지정 위치에 게시물을 작성할 수 있는 형태입니다.
롤링페이퍼	띵커벨보드에만 있는 유형 중 하나로 시즌 테마(편지, 입학, 졸업, 생일 등)에 맞춰 게시물이 순서대로 배치되고, 간단한 텍스트만 작성할 수 있는 형태입니다.

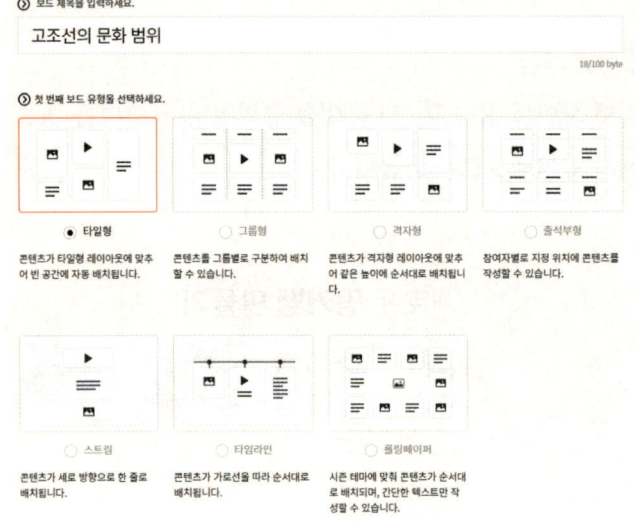

띵커벨보드의 형식들.

3. 오른쪽 위 '설정' 클릭 후, 띵커벨보드를 내 수업에 맞게 설정합니다.

개별 보드 제목	보드를 만들 때 적은 제목은 전체를 아우르는 제목이었다면 '개별 보드 제목'은 각 보드의 내용을 아우르는 제목이 됩니다. 예를 들어, '고조선의 문화 범위'가 전체 보드의 제목이라면 개별 보드의 제목은 '활동 1' '활동 2' 정도로 적을 수 있습니다. 필요에 따라 생략도 가능합니다.
개별 보드 설명	보드를 설명하는 내용을 적습니다. 이 보드에서 어떤 활동을 할 것인지 간단히 적어 주면 좋습니다.
배경 화면	수업에 어울리는 배경 화면을 정합니다. '그룹형'은 '배경색 자동 배정'을 할 수 있습니다. 배경색 자동 배정을 선택한 경우, 그룹을 만들 때마다 자동으로 그룹에 맞게 배경 화면이 바뀌게 됩니다.
게시물 승인	패들렛의 '승인 필요'와 동일한 기능입니다. 띵커벨보드는 승인할 게시물을 선택해서 한꺼번에 승인해 줄 수 있습니다.
닉네임 표시	게시물을 올린 사람의 닉네임을 표시합니다.
댓글	댓글을 달아야 하는 수업이라면 활성화합니다.
좋아요	'좋아요'를 누르게 하고 싶다면 활성화합니다.
새 게시물 위치	새 게시물이 처음 또는 마지막에 올 수 있도록 설정합니다.

띵커벨보드 개별 보드 설정창.

4. 설정한 띵커벨보드를 학생들에게 공유합니다. 오른쪽 맨 위 '공유'를 클릭합니다.

설정	링크를 공유하기 전 공개 범위를 변경합니다. 학생들이 활용하기 위해서는 '전체 공개'가 적합합니다.
방문자 권한	'전체 공개'로 공개 설정을 변경하면 방문자 권한을 바꿀 수 있습니다. '작성 가능'은 말 그대로 작성이 가능한 상태이며, '읽기 가능'은 글을 작성할 수 없고 읽을 수만 있는 상태입니다. 학생들의 수업 참여를 위해서는 '작성 가능'을 기본으로 합니다.
라이브러리에 보내기 설정	띵커벨보드는 각자 만든 보드를 다른 사람에게 공유하는 라이브러리를 운영하고 있습니다. 다른 사람과 공유하고 싶다면 공개로 변경하세요.
닉네임 안내 문구	학생들이 보드에 접속할 때 닉네임 쓰는 법을 안내합니다. 학번과 이름을 적게 하는 것이 일반적입니다.
공유 방법	공유 방법을 선택합니다. 링크를 복사해서 다른 곳에 붙여 넣을 수 있고, QR 코드를 활용해 대면 수업에서 쓸 수 있습니다.

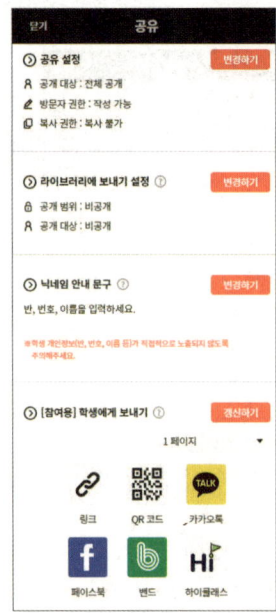

띵커벨보드 공유창.

5. 학생들이 띵커벨보드에 접속하면 (+) 버튼을 눌러서 해당 수업 주제에 맞는 게시글을 작성하게 합니다.
6. 서로 올린 게시글을 보고 '좋아요'와 '댓글'로 피드백합니다.

행복한 김선생의 수업 톡!톡!

- '띵커벨보드'는 한 보드에서 다시 개별로 세 개의 보드를 만들 수 있습니다. 한 수업에서 주소를 바꾸지 않고 세 개 보드를 이동하며 쓸 수 있기 때문에 편리성이 높은 편입니다.

- 패들렛과 달리 접속할 때 학번과 이름을 적고 들어오게 되므로 익명으로 인한 장난이나 위험성이 현저히 낮은 편입니다. 패들렛의 단점을 보완하는 보완재로서 역할을 충분히 하는 도구이므로 패들렛과 번갈아 가며 활용하면 학습 효과를 극대화할 수 있습니다.

97 띵커벨 퀴즈

예나 지금이나 학생들이 가장 좋아하는 활동 중 하나가 바로 '골든벨'입니다. 하지만 학생들의 골든벨 활동을 준비하고 운영하는 건 생각보다 품이 많이 드는 일이기도 합니다. 준비에도 시간이 꽤 걸리는 데다가 운영을 할 때도 학생들의 답을 일일이 확인해서 칠판에 점수를 정리하는 수고로움을 들여야 하기 때문입니다. '띵커벨 퀴즈'는 이 같은 골든벨의 불편함을 한 방에 해결해 준 아주 고마운 에듀테크 도구입니다. 언제 어디서나 폭발적인 반응을 일으키는 띵커벨 퀴즈의 사용법과 각 퀴즈 모드의 차이점을 정리해 보겠습니다.

띵커벨 기본 설정

1. 띵커벨 사이트 접속 후, '만들기'를 클릭합니다. 그다음 '퀴즈'를 선택해서 띵커벨 퀴즈를 만듭니다.
2. 띵커벨 퀴즈의 제목을 입력하고 공개 범위를 설정합니다. 다른 사람들과 공유하고자 한다면 '전체 공개' 또는 '교사 공개'를, 혼자 활용할 예정이라면 '비공개'를 선택합니다.
3. 학교급과 단원을 선택합니다. '비공개'를 선택한 경우 간단하게 '공통'을 클릭해도 무방합니다.
4. 문제 유형을 선택해 문제를 출제합니다. 유형은 총 일곱 가지입니다. 문제를 낼 때, 유형과 문제 난이도에 맞게 제한 시간을 설정합니다. 해설은 굳이 쓰지 않아도 괜찮습니다.

OX	O 또는 X로 정답을 말하는 문제
선택형	객관식 문제(답을 여러 개로 제시 가능)
단답형	주관식 문제
빈칸형	초성 퀴즈(초성은 '빈칸 내용을 입력합니다'에 입력)
서술형	학생들의 생각이나 경험을 묻는 질문(정답이 없으므로 점수에 영향을 주지 않음)
투표	학생들의 의견을 수합
순서형	일의 순서를 차례대로 클릭해야 하는 문제 형식

띵커벨 퀴즈 문제 설정 화면.

5. 문제를 모두 만들었다면 학생들에게 공유합니다. 학생들이 각자 스마트 기기를 들고 참여한다고 가정했을 때, '와이파이온'이나 '배틀모드'를 활용하는 것이 가장 좋습니다. 학생들은 'tkbell.kr'에 참여 코드 번호를 치고 접속할 수 있습니다.
6. 학생들의 순위를 확인하고 오답을 복습합니다.

행복한 김선생의 수업 톡!톡!

- '띵커벨'은 아주 간단한 설정만으로도 학생들의 집중도와 흥미도를 최대치로 끌어올릴 수 있는 유용한 도구지만, 운영 모드에 따라서 몇 가지 유의할 사항이 있습니다. 우선 가장 신경을 써 줘야 하는 부분이 바로 '순위'입니다. 저는 꼭 다음과 같이 순위 발표를 했습니다. 마지막 문제까지 모두 끝나면 최종 순위 발표 전에 번호를 몇 개 뽑습니다. 만약 20명이 참여했다고 한다면 최상위권인 1~3을 제외한 숫자 4~20 중에 번호를 3~4개 정도 뽑습니다. 예를 들어 8, 13, 20이 나왔다면 이 번호들이 오늘의 행운 번호가 됩니다. 즉, 8등, 13등, 20등을 한 친구들도 선생님에게 작은 보상을 받을 수 있는 것입니다. 이렇게 하면 최종 순위를 발표하는 쫄깃함도 있는 데다가 하위권에 있는 친구들도 보상을 받을 수 있어 기분 좋게 퀴즈를 마무리할 수 있습니다.

- 배틀모드 중 '우주 정거장, 연료를 찾아서!'는 게임성이 뛰어나 학생들이 대부분 재밌어하는 편이나 일부 학습 수준이 높은 친구들은 정당하게 문제를 다 맞혔는데도 하위권으로 내려가는 것에 불만을 표현할 수 있습니다. 그러니 게임 시작 전, 이 부분에 대해서 충분히 설명하고 중요한 것은 점수보다 문제를 많이 맞히는 것이라고 독려해 주는 것이 중요합니다. 학생들이 선호하는 하나의 모드만 애용하지 말고 와이파이온 모드와 배틀 모드를 잘 섞어서 진행하길 바랍니다.

98 플리커스

교실에서 에듀테크 도구를 쓰다 보면 몇 가지 불편한 점이 생기고는 합니다. 교실의 와이파이 연결 상태나 학생들의 기기 환경에 따라 수업에 기복이 있는 데다 기기를 꺼내고 링크에 접속하는 것도 번거로울 때가 있지요. 이러한 불편을 해소할 수 있는 간편한 에듀테크 도구 하나를 소개하려 합니다. 바로 학생들이 기기를 사용하지 않고도 재밌게 온라인 퀴즈에 참여하면서 개념과 학습 정리를 할 수 있는 '플리커스'입니다.

플리커스 기본 설정

1. 구글 계정을 활용해서 '플리커스' 회원 가입을 합니다.
2. 과목을 만듭니다. 만약 플리커스를 사회에 쓸 예정이라면 '사회'라고 쓰면 됩니다.

> 'NEW PACK' 클릭 ➡ 과목 이름 쓰기 / 전담인 경우 학년 쓰기 ➡ 이미지 설정(굳이 안 해도 됩니다) ➡ 설명 ➡ 'Create Pack' 클릭

3. 과목을 만들었다면 그 과목에 맞는 수업을 만듭니다. 플리커스에서 수업은 핵심 내용이나 개념을 정리하는 '퀴즈(Graded)' 또는 '설문(Survey)'을 의미합니다. 퀴즈는 정답이 있는 문제, 설문은 정답이 없는 투표 형식입니다. 흔히 수업에서는 설문보다는 퀴즈를 많이 활용합니다. 퀴즈는 4지 선다형 객관식 문제로 출제 가능하며,

보기를 이미지로 제시할 수도 있습니다(구글 이미지 연동).

'NEW SET' 클릭 ➡ 제목 쓰기 ➡ 문제 출제 ➡ 보기 쓰기 ➡ 정답 클릭

4. 과목과 수업을 모두 만들었다면 이를 활용할 학급을 설정합니다.

'NEW CLASS' 클릭 ➡ 학급 이름 쓰기(전담인 경우에는 여러 반 한꺼번에 등록) ➡ 'Create Multiple Classes' 클릭

5. 학급 설정 후, 학급에 들어갈 학생들을 추가합니다.

학급 클릭 ➡ 'Add students' 클릭 ➡ 학생 이름 추가 ➡ 'NEXT' 클릭

6. 학급 설정이 끝났다면 위에서 제작한 퀴즈 수업을 학급에 연결합니다. 연결하고 싶은 퀴즈 수업 옆에 있는 'Add'를 누르면 학급과 연결됩니다.

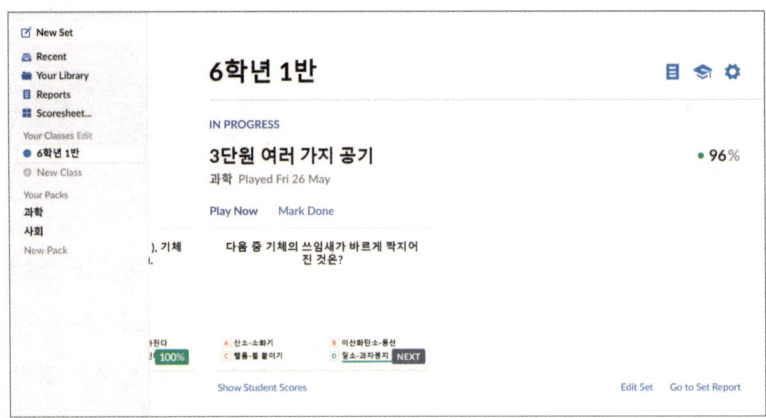

퀴즈 수업과 학급이 연결된 화면.

7. 학생들이 선생님이 연결한 문제를 풀기 위해서는 플리커스 카드가 필요합니다. 플리커스 카드는 플리커스 사이트에서 바로 출력 가능합니다.

> 'HELP' 클릭 ➡ 'Get Plickers Cards' 클릭 ➡ 'Standard' 클릭(최대 40명까지 사용 가능) ➡ 인쇄

8. 출력한 카드를 학생들에게 나눠 줍니다. 카드의 네 모서리에는 A, B, C, D라고 쓰여 있습니다. 학생은 카드를 들어서 정답을 표시합니다. 만약 내가 A가 답이라고 생각하면 A가 위로 오게 들면 됩니다. 이를 통해 학생은 기기를 활용하지 않으면서도 에듀테크 도구를 활용하는 경험을 하게 됩니다.
9. 학생들의 카드를 인식하기 위해 선생님은 본인의 스마트 기기에 'Plickers' 어플을 다운받아야 합니다. 어플 다운 후, 플리커스 사이트에 회원가입한 구글 계정 그대로 로그인하면 사이트와 어플이 자동으로 연동됩니다.
10. 교실 공용 모니터에 플리커스 사이트와 연결한 퀴즈를 제시합니다. 학생들이 카드를 들면 어플로 정답을 인식합니다. 어플로 인식한 후에는 정답이 무엇인지, 몇 명이 정답을 맞혔는지 확인할 수 있습니다.

> 행복한 김선생의 수업 톡!톡!

● '플리커스' 카드는 A4 반 장 크기라도 인식에 문제가 없으니 사이트에서 바로 인쇄하면 됩니다. 인쇄를 마친 뒤에는 반 장씩 잘라서 두꺼운 종이에 붙여 보관하세요. 코팅은 하지 않습니다. 코팅하는 경우 빛이 반사되어 인식률에 문제가 생길 수 있기 때문입니다. 교과 전담 선생님이라면 교과서나 공책에 붙여 두게 해도 괜찮습니다.

● '플리커스' 어플로 답을 확인받은 학생은 카드를 계속 들고 있지 말고 뒷면으로 책상에 내려놓게 합니다. 그래야 더욱 정확한 인식이 가능합니다. 만약 답을 수정하고 싶은 학생은 선생님이 답을 인식하는 동안 다시 수정하여 카드를 들어도 됩니다.

99 미리캔버스

수업에 필요한 학습지를 만들 때, 학생들과 발표 수업을 준비할 때, 교실살이와 학교 업무에 쓸 자료를 만들 때, 요즘 학교 현장에서 가장 많이 쓰이는 사이트가 바로 '미리캔버스'입니다. 유료화가 되면서 사용에 제약이 생겼다는 평도 있지만 직관적인 사용법과 편리하고 단순한 구성 덕분에 여전히 많은 사랑을 받고 있지요. 특히 초등학생들이 사용하기에 미리캔버스만큼 친절한 디자인 제작 사이트도 드물답니다. 이번에는 미리캔버스의 사용법과 기능들을 살펴보겠습니다.

미리캔버스 기본 설정

1. 미리캔버스에 회원 가입을 합니다. '미리캔버스 에듀'는 미리캔버스의 교육용 계정으로 무료 계정보다 더 많은 혜택을 제공하고 있습니다.

미리캔버스 설정 메뉴.

2. 수업 자료에 어울리는 규격을 선택하여 디자인을 만듭니다. 학생들과 수업에 활용할 PPT를 만들 예정이라면 '프레젠테이션'을, 학습지를 만들 예정이라면 'A4'를 일반적으로 가장 많이 사용합니다.

> '디자인 만들기' 클릭 ➡ 내가 원하는 사이즈 선택

3. 미리캔버스에서 제공하는 다양한 템플릿을 선택하여 디자인합니다. 왕관이 붙어 있는 콘텐츠는 유료 콘텐츠로 유료 회원만 사용 가능합니다. 프레젠테이션의 경우 학교/수업/교육용으로 따로 구성된 템플릿들이 있고 무료 버전이 굉장히 많아 사용하기 편리합니다.

> '템플릿' 클릭 ➡ 내가 원하는 템플릿 선택

4. 템플릿의 텍스트를 수업에 맞게 수정합니다.

> '텍스트' 더블클릭 ➡ 텍스트 수정(폰트, 색깔, 정렬, 자간 및 행간 조정, 외곽선, 그림자)

5. '사진'과 '요소'를 사용해서 슬라이드를 보기 좋게 디자인합니다.
6. 완성한 디자인은 '공유'하거나 '다운로드'할 수 있습니다. 공유는 링크를 걸어 두면 누구든 볼 수 있는 기능이고, '다운로드'는 이름 그대로 이미지 파일이나 PPT 파일로 다운받을 수 있는 기능입니다. 오른쪽 위 메뉴에서 선택 가능합니다.
7. 다운로드한 파일을 수업에 활용합니다.

> 행복한 김선생의 수업 톡!톡!

- '미리캔버스'의 유료화가 불편하다면 미리캔버스와 사용법이 거의 유사하면서도 교사 인증을 받으면 무료로 활용 가능한 '캔바(canva.com)'라는 사이트도 있으니 병행하면서 사용해도 좋습니다.

- 흔히 요소라고 하면 일러스트와 아이콘을 생각하지만 '미리캔버스' 요소 안에는 조합, 도형, 표, 차트 같은 것들이 풍부하게 제공되어 있습니다. 특히 조합의 경우 상당히 깔끔하면서도 세련된 디자인을 가능케 하는 요소들이 무료로 제공됩니다. 연구 대회를 준비하는 선생님이라면 보고서에 활용해 보세요.

- '미리캔버스'는 초등학생 4학년 정도만 되어도 쉽게 디자인할 수 있을 정도로 직관적인 사이트입니다. 학교 행사 포스터 만들기, 발표 자료 만들기, 시집 만들기 등 다양한 수업활동에서 적극적으로 활용해 보세요. 단, 스마트 패드보다는 컴퓨터실 작업이 훨씬 편리하고 효율적이니 이 점을 꼭 참고하세요.

100 윗지(with-G) 게임 학습

선생님들에게 가장 익숙하고 편안한 교육 사이트를 하나 고르라면 단연 '아이스크림'이 첫손에 꼽힐 겁니다. 아이스크림은 수업에 편리하게 적용할 수 있는 여러 자료들을 제공하고 있는데, 그중에서 쉽고 재밌게 활용할 수 있는 수업 도구들은 매우 훌륭한 수준을 유지하고 있습니다. 그 주인공이 바로 한 번도 안 쓴 선생님은 있어도 한 번만 쓴 선생님은 없다는 마성의 수업 도구, '윗지 게임 학습'입니다. '윗지 게임 학습'에는 게임 12개가 있는데 이번에는 수업에 가장 많이 활용하는 세 가지 게임을 안내하도록 하겠습니다.

윗지 게임 학습 기본 설정

1. 아이스크림에 로그인하고, 오른쪽 메뉴 중 '윗지 게임 학습'을 클릭합니다.

아이스크림 메뉴.

2. 원하는 도구를 클릭해서 제작 후, 수업에 활용합니다.

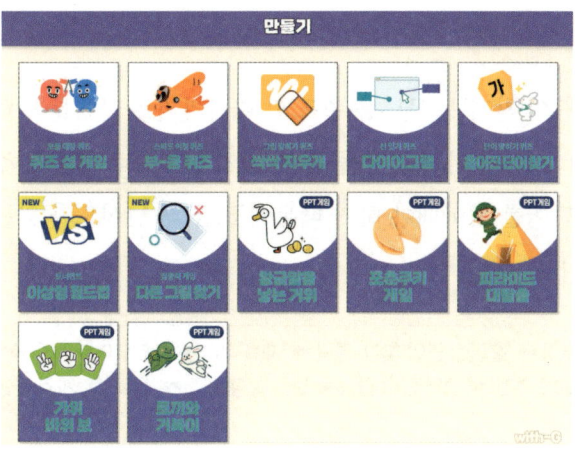

윗지 게임 종류 화면.

◇ 부-웅 퀴즈

'부-웅 퀴즈'는 1학년부터 6학년까지 전 학년이 모두 좋아하는 퀴즈 형식입니다. 빠르게 지나가는 글자를 살펴보고, 어떤 글자인지 확인하는 간단한 구성이지요. 동기 유발이나 개념 정리, 어디든 사용하기 좋고, 학생들의 집중도를 확 올리고 싶은 경우에 사용해도 참 좋습니다.

'만들기' 클릭 ➡ '부-웅 퀴즈' 클릭 ➡ '제목' 입력 ➡ '공개' 여부 결정 ➡ 배경 화면 선택 ➡ 단어 아이콘 설정 ➡ 정답 단어 입력 ➡ '완료' 후, 게임 진행

게임이 시작되면 학생들 모두 매의 눈으로 단어를 살피기 때문에 굉장히 빨리 정답을 맞히는 편입니다. 다만 단어에 따라서 정답을 잘 못 찾을 때도 있습니다. 그럴 때는 '다시 보기'를 눌러서 다시 보여 주

거나 '느리게 보기'를 눌러서 속도를 늦춰 주세요.

◇ 흩어진 단어 찾기

'흩어진 단어 찾기'는 '부–웅 퀴즈'와 마찬가지로 단어를 맞히는 학습 게임입니다. 여러 가지 글자들 중 몇 가지 글자를 조합해서 주제에 맞는 정답 단어를 찾아내야 하기 때문에 조금 더 난이도가 있는 게임이기도 합니다.

'만들기' 클릭 ➡ '흩어진 단어 찾기' 클릭 ➡ '제목' 입력 ➡ '공개' 여부 결정 ➡ 제한 시간 선택(20~30초 추천) ➡ 정답 단어 입력 ➡ 보상 설정(선택) ➡ '완료' 후, 게임 진행

 게임이 시작되면 단어를 찾은 학생은 재빨리 손을 들고 정답을 이야기합니다. 혹은 그냥 보이는 대로 바로 이야기해도 괜찮습니다. 보상이 있는 경우 '학급 전체 vs. 선생님' 대결을 펼치면 협동 게임으로 진행할 수 있어 더욱 재밌습니다.

◇ 싹싹 지우개

'싹싹 지우개'는 이름 그대로 이미지를 전부 가린 상태에서 일부만 지워 나가며 어떤 것인지 맞혀 보는 게임입니다. 저학년부터 고학년까지 폭넓게 사용할 수 있는 형태의 게임이죠.

'만들기' 클릭 ➡ '싹싹 지우개' 클릭 ➡ '제목' 입력 ➡ '공개' 여부 결정 ➡ 제한 시간 선택(20~30초 추천) ➡ 사진 업로드 ➡ '완료' 후, 게임 진행

 선생님이 그림 위에 마우스를 올려 두면 커서가 지우개로 바뀝니

다. 그 상태로 클릭을 하면 그림의 일부분만 보이게 됩니다. 클릭한 상태에서 지우개를 문지르면 더 많은 부분이 보이게 되고요. 학생들은 지워지는 그림을 보면서 정답을 맞힙니다. 두 가지 형태로 진행할 수 있습니다. 흩어진 단어 찾기 때처럼 '학급 전체 vs. 선생님' 구도로 하거나, 모둠별 대결로 운영합니다. 모둠별 대결의 경우에는 정답을 아는 모둠이 "도전!"을 외치고 정답을 말하게 한 뒤, 정답이라면 점수를 주고 틀리면 라운드에서 탈락하는 형식으로 진행합니다.

행복한 김선생의 수업 톡!톡!

※ 알아 두면 유용한 에듀테크 사이트

툴킷	아이스크림 사이트에서 제공하는 수업툴. 판서, 타이머, 시계, 주사위, 돌림판 등 수업에 필요한 모든 도구를 지원함.	toolkit.i-scream.co.kr
크롬뮤직랩	음악 시간에 활용할 수 있는 다양한 온라인 도구 모음. 특히 '송메이커'는 단순한 클릭 몇 번으로 작곡을 할 수 있어 학생들에게 인기가 좋음.	musiclab.chromeexperiments.com
오토드로우	간단하게 그림을 그리고 난 뒤, AI를 활용해서 완성도 높은 그림으로 바꾸는 그림 도구.	autodraw.com
스페이셜	온라인 미술관. 학생 작품을 디지털화해서 보관하기 좋음.	spatial.io

마치며
이 세상 모든 선생님의 수업이 언제나 행복하길 기도하며

지금까지 우리는 학생들의 생각을 깨우는 토의·토론 수업, 수업을 풍성하게 만드는 다양한 활동수업, 보기만 해도 즐거운 보드게임, 언제든 편하게 적용할 수 있는 수업놀이, 학생들이 열광하는 온라인 도구까지 행복한 수업을 만들기 위한 많은 방법을 살펴보았습니다. '이런 것도 있구나' 하고 새로움을 느낀 활동도 있었을 테고 '아, 이 방법은 나도 알고 있었는데! 읽은 김에 써먹어 봐야겠다' 하며 실천 의지를 다지게 된 활동도 있었을 겁니다. 무엇이 되었든 이 책이 선생님의 수업에 자그마한 영감을 주었기를 바랍니다.

 이 책을 쓰면서 저 역시 첫머리에 당부한 수업의 기본 원칙들을 잘 지키고 있나 다시 한번 되새겨 보게 되었습니다. 모두가 참여하는 수업, 효과적으로 공유하고 나누는 수업, 꾸준하게 기록하고 성찰하는 수업. 바쁘고 정신없는 하루하루, 수업 준비가 고되고 힘들기도 하지만 이 원칙들을 마음속에 간직하고 수업 방법들을 하나하나 실천해 나간다면 어제보다 더 나은 오늘, 오늘보다 더 나은 내일의 수업이 되지 않을까 하는 희망을 가져 봅니다.

  선생님의 수업이 언제 어디서든, 누구와 함께든 항상 행복하길 기도합니다. 그 길에 이 책이 조금이나마 도움이 되었으면 좋겠습니다.

  선생님, 오늘 하루도 힘내세요!

-'행복한 김선생' 김성규

찾아보기

1~5글자로 말해요 252
4칸 정리하기 66
5초 준다 134
P.M.I 토론 23
가치수직선 토론 40
감정 카드 119, 122, 124
갤러리 워크 267
거짓말쟁이 놀이 218
그림일기로 표현해요 254
그림책 만들기 271
너도나도 파티 140
눈치코치 줄 세우기 215
단어 방패 227
대신 전해 드립니다 89
더블 매칭 143
도둑잡기 201
도형 탐정 놀이 234
띵커벨 퀴즈 286
띵커벨보드 281
로보77 170
마음 돋보기 242
만장일치 토론 26
머릿속 돋보기 240
모둠 기자회견장 257
모둠 릴레이 퀴즈 76

모둠 시계 돌리기 259
모둠 퀴즈 마당 269
모서리 토론 33
무작위 번호 퀴즈 78
문제를 넘겨라 80
미리캔버스 293
복불복 내.친.소 261
복불복 문제 경매 82
복불복 선택 놀이 197
브레인스토밍 토론 19
블리츠 138
빙고 게임 189
쁘띠바크 213
사람책 서점 265
상장 수여식 250
색깔로 말해요 238
셋 가고 하나 남기 74
셋이서 한 세트 221
소수결 OX 퀴즈 199
손가락 진화 게임 207
숲속의 음악대 178
스크리블 타임 185
스티커 가위바위보 263
스파이 게임 203
시 보물찾기 247

시밀로 163
신호등 토론 40
씽킹맵 129
씽킹보드 129
안팎인형 만들기 244
양손을 채워라 224
온라인 전시회 273
왓츠 잇 투야 147
왕을 설득하라 30
윈도우 패닝 68
윗지(with-G) 게임 학습 296
이미지 카드 109, 113, 116
잠자는 코끼리 놀이 86
저스트 원 160
직업 카드 126
질문 말판 놀이 59
질문 바구니 54
질문 보물찾기 52
질문 장터 49
질문 주사위 놀이 56
질문공 던지기 61
질문틀 제공하기 47
찍고 달려 194
치킨 차차 157
침묵! 짝꿍을 찾아라 229

카드를 넘겨라 210
캐치 스케치 182
캐치캐치 151
컨베이어 벨트 모둠 탐색 72
크로싱 166
파라오코드 174
파리채 놀이 205
패들렛 275
펭귄파티 154
포스트잇 '내가 누구게?' 100
포스트잇 SNS 만들기 94
포스트잇 그림 나눔 92
포스트잇 글자 재배치 98
포스트잇 문제 쇼핑몰 104
포스트잇 부루마불 106
포스트잇 정답 찾기 102
포스트잇 테마틱 96
포토스탠딩 토론 21
플리커스 289
피라미드 토론 37
협동 릴레이 그림 232
회전목마 질문 나누기 63
회전목마 토론 43

수업활동 100
수업의 뿌리를 튼튼하게 세우는 활동 중심 교수법

1판 1쇄 발행 2023년 10월 20일
1판 5쇄 발행 2024년 12월 6일

지은이	김성규
펴낸이	한기호
책임편집	이선진
크로스교정	박혜리
편집	서정원, 박예슬, 송원빈
본부장	여문주
마케팅	윤병일, 하미영
경영지원	김윤아
디자인	VUE
인쇄	예림인쇄
펴낸곳	(주)학교도서관저널
	출판등록 제2009-000231호(2009년 10월 15일)
	주소	04029 서울시 마포구 동교로 12안길 14(서교동) 삼성빌딩 A동 3층
	전화	02-322-9677
	팩스	02-6918-0818
	전자우편	slj9677@gmail.com
	홈페이지	www.slj.co.kr

ISBN 978-89-6915-154-4 03370

ⓒ 김성규 2023

- 이 책은 저작권법에 따라 보호를 받는 저작물이므로 무단 전재와 무단 복제를 금합니다.
- 책값은 뒤표지에 있습니다.